JN084937

1フレーズ経営学

MBA BASICS IN 48 ONE-PHRASES

KOJI MITANI 三谷宏治

SB Creative

はじめに

「タイパ」もいいが、
頭に残らなきゃ意味がない。

時間生産性を上げるには

「タイパ」って言葉を最初に聞いたとき、なに？って思いました。**最近はコスパじゃなくてタイパなんだってさ。**

ふむふむ、これまではコストパフォーマンス[1]が高いことが善だったけれど、これからはタイムパフォーマンス[2]の方がダイジなのね。

そういえば**我が家の長女も「タイパの鬼」**かもしれない。昼食は少々高くてもUber Eats（ウーバー イーツ）だし、それをキッチンで食べながらオンラインで会社の同僚たちとおしゃべりしているし、動画視聴は当然1.5倍速以上だし。

私自身も30数年前、最初の勤務先だった**BCG[3]では作業することを「○○に時間を使う」**と言っていました。経営コンサルタントは自分の能力を売る仕事。でも自分の持つ時間は有限で、その限られた資源をどう有効に使うのか。それを常に問われる職場でした。だから試行錯誤はあっても、**時間のムダがない。**

でもそれだけじゃダメなんだな。**タイパを上げるには、分子の**

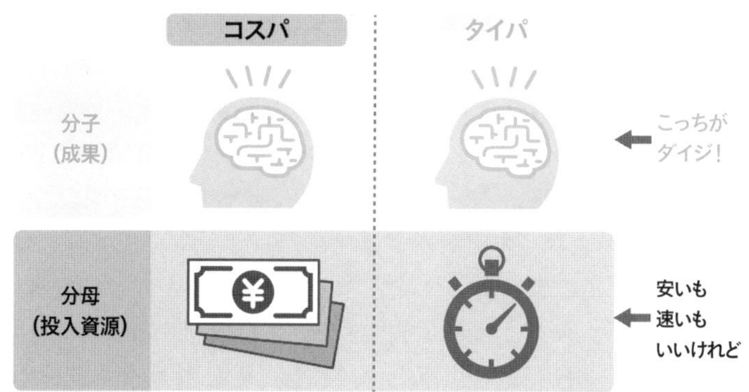

[1] 英語ではvalue for moneyやcost-effectiveness。「コスパ」は通じない。
[2] 和製英語。英語ではtime-effectivenessでもいいが相当堅い表現。
[3] Boston Consulting Group。1963年設立の経営戦略コンサルティング会社。

「パフォーマンス」を上げないと。

タイパを**時間生産性**と呼ぶならば、**生産性はアウトプットをインプットで割ったもの**です。いくらインプット（ここでは時間）を少なくしても、アウトプット（成果＝パフォーマンス）が上がらないと生産性は上がりません。

この本では、その両方を目指します。**インプット（投入時間）の削減と、アウトプット（知識定着）の向上**の両方を。

経営学入門書の難しさ

この本は経営学の入門書です。ターゲットはビジネスの初心者や経営学の初学者。だから「経営学部でしっかり学んだ」「MBA修得済み」という人たち向けではありません。

この本はあくまで、「経営学って一体どんなもの？」「とりあえず知識として知りたい」「1回本を読んだけど頭に残っていない」という人向け。**ターゲットは経営学の初心者、提供すべきバリュー(価値）は有用な知識をタイパよく届けること**、です。

でもそれがなかなか難題なのです。なぜなら**経営学自体が、「経営者が学ぶべきことの集合体」**だから。学ぶべき範囲は広く、かつ多くの人には実体験がありません。

経営者の役割とは、ビジネスという名の船の舵取り役であり、船体や漕ぎ手の強化役です。航海の目的地決めやそこで確実に儲けるための算段も要りますが、資金集めも必要ですし、漕ぎ手の資質やモチベーションアップも大切です。これらを**経営学の言葉で言えば「経営戦略」「マーケティング」「オペレーション」「人・組織」「会計・財務」など**となります。

それらすべての専門家になんて決してなれませんが、経営者はその担当部門すべてに共通の方向性を示さねばなりません。そうでなければ、船は迷走し、嵐の中に沈むことになります。いや、航海に出ることすらできないでしょう。そうならないために経営者が学ぶべきこと。それが経営学なのです。

しかしそのあまりの幅広さのために、経営学というひとつの学問はこの世に存在しません。仕方がないので、「経営学の基礎」を学びたい者に対して提供されるのは、「各専門分野の基礎」そのものか、その要約集に過ぎません。だから「フレームワークだらけで混乱」となるわけです。

この本での「タイパ戦略」

そんな経営学の基礎を伝えるために、本書では下記のような戦略を立てました。

- **インプット（投入時間）の最小化**：本書でカバーする領域は事業レベルの基礎系中心。事業部長以下には求められない全社レベル、応用系の項目は捨てる。「読んでも頭に残らない」説明的な文章は極力減らす
- **アウトプット（知識定着）の最大化**：複雑な概念は図にして一目でわかるようにし、各項目の本質や洞察は印象的な「1フレーズ」でしっかり頭に残す。楽しみながら読めるよう歴史的背景や面白い事例を豊富に取り入れる

コスパよりタイパ。でもタイパの分子はパフォーマンス（成果）のはず。時間だけ短くてもダメなのです。読んだものが少しでも頭に残るよう、工夫しています。

この本の構成

本の構成にはいろいろなレベルがあります。この本だと、章・節・小見出し・本文・図や注釈の5レベルです。

章レベルは一般的な分け方をしています。「経営戦略」「マーケティング」「オペレーション」「人・組織」「会計・財務」の5つ

です。他に「IT」や「経済(エコノミクス)」もダイジですが、前者は「オペレーション」で部分的にカバーし、後者は割愛(かつあい)しました。

節レベルは計48個あり、次々頁からの目次を見てもらうのが早いかもしれません。**章ごとにメリハリをつけています。**

- 一番難解な**経営戦略**はその成立の歴史から
- **マーケティング**は巨匠コトラーの体系順に
- **オペレーション**は主な機能の概説(がいせつ)とその改善手法を
- **人・組織**は人の管理育成論と組織の管理開発論に分けて
- **会計・財務**は管理会計中心にその超基礎とフリーミアム[4]など新しい収益モデルを紹介

そして所々に大きな成功事例などを「コラム（COLUMN）」として9つ入れています。

この本の伝え方

節はほとんどが**4頁構成**になっています。右頁を例とすると、**1頁目がその項目の本質や洞察を印象付ける「1フレーズ」**。その下部にキーワードと主な企業・組織名及び商品名が並んでいます。

2〜4頁目が「1フレーズ」の意味をより正確に捉(とら)えるための詳しい説明。**企業・組織の事例は背後に薄くシャドウ**をかけ、一目でわかるようにしています。

図や注釈は該当する文章と離れず、極力そのすぐ下[5]にくるよう配置しています[6]。

さて、いよいよスタートです。**目次や章扉を見て、気になるところから**読んでみてください。

[4] 無料と有料を組み合わせた収益モデルとして2006年にフレッド・ウィルソンらが定義。詳しくは249頁参照。

[5] こんな感じ。

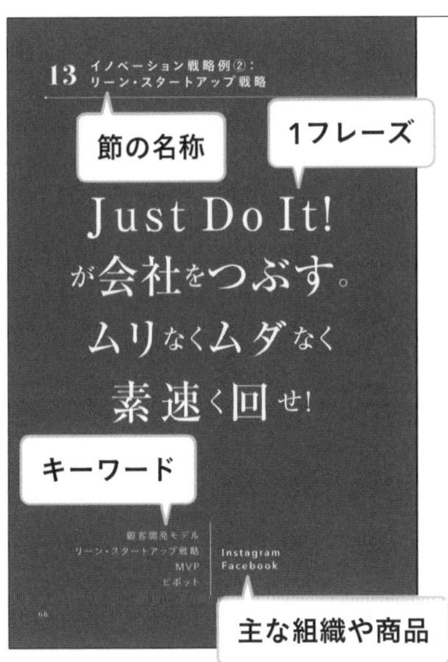

スタートアップのための「顧客開発」モデル

小見出し

スティーブン・ブランク[55]は、そのキャリアにおいて、8つのスタートアップ（新規事業立ち上げ）に……公開に導いた魔術師、シリアル・ア……

彼は**『アントレプレナーの教科……**……してくれました。それが4ステッ……「顧客開発」モデルでした。

4ステップは、①顧客発見（聞いて発見）、②顧客実証（売って検証）、③顧客開拓（リーチを検証）、④組織構築（本格拡大）。そして、②でダメなら「ピボット」（軌道修正）して①に戻る、というもの。ブランクは**「スタートアップにチームは2つだけでいい。商品開発と顧客開発だ。**マーケティングも営業も事業開発もまずは要らない」と言い切ります。創業者やCEOはとにかくその2つに集中しろと断じました。

彼はこのコンセプトを米西海岸の大学などで教えましたが、その受講生たちの中で、「最高の生徒」とブランクに言わしめたのが、**エリック・リース**[56]でした。

IT企業のムダを排除する「リーン・スタートアップ」

リースはさらに、ブランクの考えを拡張して、トヨタがつくり上げた「リーン生産方式」の考え方をスタートアップ・マネジメントに導入します。それが**「リーン・スタートアップ」**（2011）**で、「ITエンジニアにムダな作業をさせない」がその中核**です。

リースはその多くの失敗経験を通じて、IT企業に多い**「とにかくやれ」**精神が会社をつぶすのだと学んでいました。ITエンジニアはとにかく、とりあえずやってみよう、と闇雲にプログラムを書き始めます。しかしそのほとんどがムダに終わっていました。

リースは「顧客に価値を提供できないモノはすべてムダ」「学

55 Steven Gary Blank（1953~）

67

1章 経営戦略：事業の方針を示す

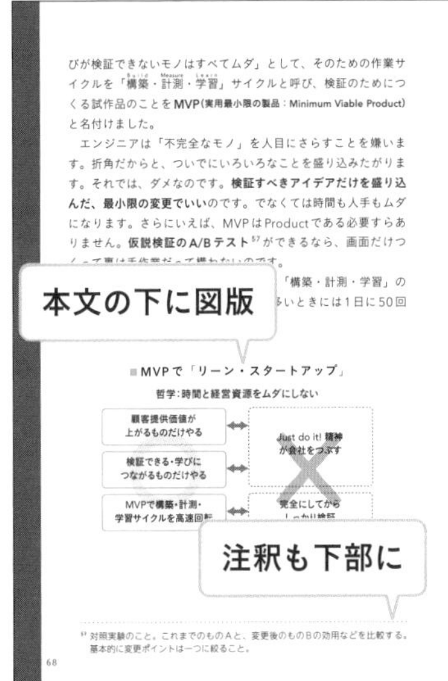

InstagramはピボットとMVPで創られた

Instagramの月間利用者数は約20億人（2023年2月現在）。世界でもっとも利用されているSNSです。でも最初は、ただのソーシャルチェックインアプリでした。名前はBurbn。地図上で「今私はここにいるよ」という情報を共有できるもので、写真も投稿できました。

事例はシャドウ

共同創業……に HTML5[59]を……したが、**使い**……

しかし彼ら……**か」を捨てて、「どう使われているか」を調べた**のです。するとユーザーたちは、位置情報を共有するよりも写真を共有すること自体に魅力を感じていたことがわかりました。そこで「写真機能付き位置情報共有アプリ」から一転、**「位置情報付き写真共有アプリ」につくり直すこと**にしました。Burbnにあった機能をどんどん削ぎ落とし、写真の「撮影」「加工」「共有」に絞りました。その**とても簡便なアプリ**の名前はInstagram。**開発期間はわずか8週間**でした。

2010年10月のリリースから2ヶ月で登録者が100万人に達し、大成功。12年の4月にはFacebook（現Meta）がなんと10億ドルで買収します。登録者数は3000万人を突破していましたが広告もなく売上高はゼロ、社員はまだたった13人のときでした。

素速いピボット、迅速でムダのない開発、の勝利でした。

58 Kevin Systrom（1983~）
59 Webサイト作成用のコンピューター言語。2008年に発表され、2021年に廃止された。後継はHTML Living Standard。

69

1章 経営戦略：事業の方針を示す

[6] 注釈は次の頁の下にくることもある。

目次

contents

1章

経営戦略
事業の方針を示す

2章 マーケティング 商品と売り方のデザイン

3章

オペレーション
企業の主活動

4章

人・組織 最強のリソース

5章

会計・財務
すべてをお金で測り回す

1章

経営戦略

事業の方針を示す

1.戦略とは：目的と資源集中

戦略とは捨てることなり。

2.戦略とは：戦場（ドメイン）

強者は戦場を自らつくり、弱者は選ぶか待つ。

3.経営とは

テイラーは生産性を上げ、メイヨーは人を活性化し、フェイヨルは企業を統治した。

4.経営戦略とは

経営戦略とは、組織の壁を越えるための「共通の目的」。

5.経営戦略策定プロセス

外見て、内見て、チャンス見つけて、決める。

6.外部環境分析

5Fが示すのは「今後儲かる市場かどうか」だけ。

7.内部環境分析

その企業能力は、稀少か、マネしづらいか！

8.事業機会分析

SWOTはただの整理箱。TOWSは戦略案の提案箱。

9.ポーターの戦略3類型

究極の二択。コストか価値か、全体かニッチか！

10.B3Cフレームワーク

一番ダイジなのは、その戦場自体の理解。

11.経営戦略論の発展

正しい戦い方なんてない、でもひとつ選んで磨こう。

12.ブルー・オーシャン戦略

ブルー・オーシャンでは、エサも魚も自分でつくれ！

13.リーン・スタートアップ戦略

Just Do It!が会社をつぶす。

14.パーパス経営とアダプティブ戦略

未来が予見できない時代において、人々が頼るものは期待だ。

15.知財戦略

知財は、開いて組み合わせて、刃に変えろ。

1　戦略とは①：目的と資源集中

戦略とは捨てることなり。

戦略
戦争目的
『失敗の本質』
二重目的

日本軍
米軍
サムスン
テスラ

戦争にも目的がある

もともとが軍事用語である「戦略(strategy)」が、企業経営の世界で用いられるようになったのは1950〜60年代のことでした。企業経営を非人道的行為である戦争になぞらえることの是非はともかく、そのあまりの類似性に、戦争からの学びは経営者たちを惹(ひ)きつけ続けました。

国家間の軍事力を伴(ともな)う戦いには「戦争」「戦略」「作戦」「戦術」「実行」などのレベルがありますが、**各々に「目的」が存在**します。ナポレオン戦争から**カール・フォン・クラウゼヴィッツ**[1]**の『戦争論』**（1932）が生まれ、そこで「戦争目的」が議論されました。彼は「**戦争とは政治における国家間紛争の一解決手段である**」とした上で、「戦争は相手の殲滅(せんめつ)だけが目的ではない」と論じました。

そして**一般的には、その目的がどれくらい絞り込まれているか、が戦いの帰趨(きすう)を決します。目的が曖昧(あいまい)なら負け、明確なら勝つ**のです。多少の戦力差があろうと。

最上位、戦争レベルでの目的が曖昧だと、もうどうしようもありません。ロシア元首の「妄想(もうそう)」で始まったウクライナ戦争は、それ故にロシア軍の圧倒的疲弊(ひへい)を招きました。

日本軍の敗北からの教訓：戦略とは捨てること

次は戦略レベルです。**『失敗の本質』**（1984）**で野中郁次郎(いくじろう)ら**は、第二次世界大戦における日本軍の軍略上の失敗を詳細に研究し、そこから近代組織への示唆(しさ)を導き出しました。

太平洋戦争においてそれまで連戦連勝だった日本海軍は、ミッドウェー作戦において大敗を喫(きっ)し「太平洋の戦局はこの一戦に決(けっ)した」と言われました。**なぜ戦力的に優位にあった日本海軍は、米海軍に敗れた**のでしょうか。

---

[1] Carl von Clausewitz（1780〜1831）

大戦中、日本軍において致命的だったのは、常に「戦略・作戦目的」が曖昧だったことでした。連合艦隊司令長官の山本五十六は部下たちに「**①米（空母）艦隊を撃滅せよ、かつ、②ミッドウェー島を攻略せよ**」**という二重目的**を与えました。空母から飛び立つ飛行機にとって、陸（島）を攻撃する装備と、艦隊を攻撃する装備はまったく異なるのに。日本海軍は状況対応に遅れ、目的を「日本の空母艦隊を殲滅する」に絞った米軍に敗れました。

戦略レベルの失敗は、作戦レベルでは挽回できない

ミッドウェー作戦においては、「島の攻防」と「艦隊同士の勝敗」というダイジな2つの目的のうち、二兎を追った日本軍が負け、後者に絞って前者を捨てた米軍が勝ちました。**米司令長官のニミッツ**は「島は一時占拠されても後で取り返せばよい」「敵空母以外には攻撃するな」と部下に繰り返し伝え徹底しました。

■二重目的の失敗：ミッドウェー海戦

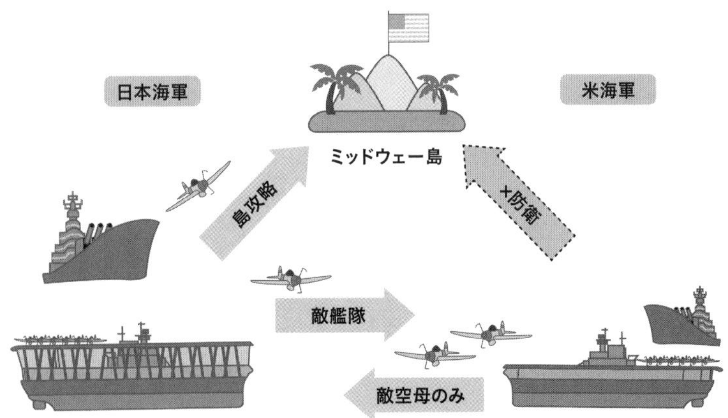

「島の防衛」を捨てること、「空母以外」を捨てることを明確にしたのです。

しかし山本長官はそういった優先順位を明らかにせず、部下とのコミュニケーションも取りませんでした。

戦略とは集中すべきことを明確にするということ、そしてそれは同時に「何かを捨てる」ということなのに、われわれはそれが非常に苦手です。

戦略レベルでの失敗は、その下のレベルで挽回なんてできません。1960〜70年代、日本企業はようやく育ってきた主力事業に経営資源を集中させ、欧米の大企業に苦杯をなめさせました。しかし1990年代以降、日本の総合電機メーカー（NECや東芝）による半導体事業は、企業の存続を半導体に賭けた韓国サムスンに敗れました。今やトヨタ自動車ですら、EV（電気自動車）に未来を賭けたイーロン・マスク率いるテスラの後塵を拝しようとしています。

なぜ二兎追うものは一兎も得ないのか？

「二兎追うものは一兎をも得ず」は、実は古代ギリシャ起源のことわざです。英語では**“Dogs that put up many hares kill none.”**などと言うそうです。明治時代に小学校の教科書に漢語調で載って広まりました。でも、なぜうさぎなんでしょう。なぜ一兎も獲れないんでしょう。

うさぎはとても素速い動物なので、いかなる猟犬でも簡単にはつかまえられません。それがもし、うさぎが2匹いてその両方を追いかけようとしたら？　きっと猟犬は1匹も得ることはできないでしょう。

われわれは捨てるのがイヤで二兎も三兎も追いがちです。でももう「捨てるのが苦手だ」なんて言っているヒマ（余裕）は無いのです。

2　戦略とは②：戦場（ドメイン）

強者は戦場を自らつくり、弱者は選ぶか待つ。

『孫子』/『戦争論』
戦場/ドメイン
決め手となる場所
ポジショニング

仏軍
英軍
織田軍
今川軍

『孫子』：戦場を自らつくる

『孫子』[2](BC515) において**孫武**は安易な開戦を諫めました。彼は決して負ける戦いはしなかったので百戦百勝でしたが、「**戦わずして敵国・敵軍・敵兵を降伏させるが最善**」(謀攻篇)、としました。これも目的のひとつです。企業でもきっと同じ。友好的なM&A(企業の買収・合併) はこれにあたるでしょう

計篇 (開戦前に考えるべきこと) に始まり用間篇 (諜報活動) に終わる13篇の『孫子』で、孫武は何より計篇での廟算、つまり開戦前の軍議で行う敵味方の状況分析・比較を重視しました。その分析項目が「五事七計」です。

彼は、戦略ポジショニングにおける天才でもあります。地形を利用し、決戦地を定め、先着した上でそこに敵を誘導すべくあらゆる手を講じます。**自軍が有利な場所で準備万端で戦うわけですから、負けるわけがありません。**

広い平地など自軍が有利に戦える戦場を決めたら、その手前まで素速く進軍して布陣します。相手が来るまでは休養を取って英気を養います。敵軍が慌てて進軍してきたらすぐ戦場に進み、相手に休息や食糧補給をする間を与えません。これによって疲れて飢えた敵兵と、有利な地形で戦うことができます。(虚実篇、軍争篇、行軍篇、地形篇)

これが、**自ら戦場を規定するドメイン**という考え方です。それを**自力でつくり上げることができるのが、強者**なのです。

クラウゼヴィッツが示した柔軟さ：戦場を選ぶ

『戦争論』が今もっとも評価されているのは、**その「あらかじめ目標地点を定めない」柔軟な戦い方**、の理論によってでしょう。クラウゼヴィッツによれば、**ナポレオンが** (当初) **連戦連勝したのは、もともとの目標地点にこだわらず「勝てる、かつ決め手と**

[2] 孫武により原形が著され、子孫の孫臏 (そんびん) により現在の形に近くなる。200年頃、曹操 (そうそう) により整理され今の形となる。

なるところでしか戦わなかった」からであり、それが事前の目標地点にこだわる敵を惑わしたからでした。

1783年、重要拠点であるトゥーロン要塞を巡って英仏軍が対峙していました。守りの要であるトゥーロン要塞の攻防では、どちらも一歩も引かず、多くの犠牲を積み上げていくばかりでした。そこで**ナポレオンは、トゥーロン要塞ではなく小さな丘の小さな砦レギエットを攻めた**のです。レギエット砦ではもちろん勝利し、そこからカノン砲[3]をトゥーロン要塞に打ち込むことで英軍の艦隊を沈黙させ、要塞を奪取しました。

両軍とも、もともとの目標地点はトゥーロン要塞でしたが、**重要でありかつ敵が手薄な「決め手となる場所」をナポレオンは見抜き**、勝利したのです。このときナポレオン24歳、皇帝への道の始まりでした。

■戦場を選ぶ：ナポレオン

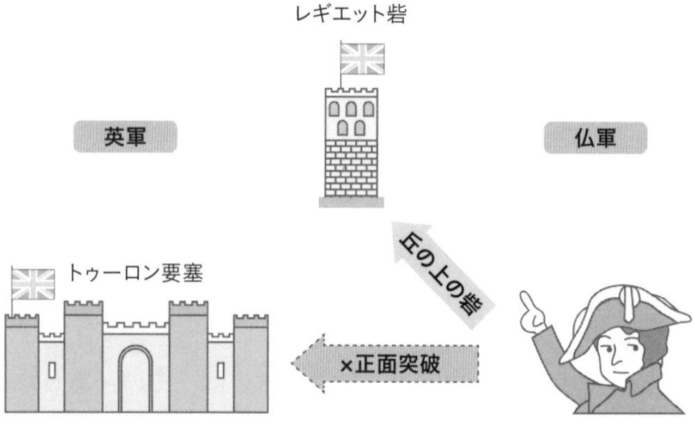

レギエット砦
英軍
仏軍
トゥーロン要塞
丘の上の砦
×正面突破

[3] 当時の定義では、比較的大口径で砲身の長いものを指し、遠距離での直射を目的とした。仏語ではcanonで発音はキャノン。

自分に有利になるまで待った信長：戦場を待つ

織田信長にとっての天下分け目の合戦は、今川義元を討ち取った「桶狭間の戦い」です。そのとき2000人の織田軍が取った行動は、これまでいわれていた「背後からの奇襲」ではなく「正面からの急襲」であろうとされています。

でも、それでは流石に、2万5000人の今川軍を打ち破ることはできません。**信長は、2つのときを待ちました。**

①複数の方向から陽動・籠城戦を仕掛け、今川軍が分散するのを待った。結果、桶狭間に今川兵は実質5000人ほどしかいなかった。

②雹交じりのゲリラ豪雨の中をあえて進んだことで、自軍の接近を察知させなかった。雨が止むのを待ち、正面から（おそらく鉄砲も用いて）急襲した。

でも今川軍が分散するのを待つということは、陽動に向かった自軍の各部隊が損耗していくのを見続けるということでもあります。それらを助けに行っていたら話になりません。自軍の半分を使いつぶす胆力が必要です。

また豪雨の中を進むということは、敵に悟られないということでもありますが、同時に敵軍の様子もわかりません。敵の虎口に飛び込む覚悟が必要です。

弱者が強者に勝つことは、可能です。強者は強者であるが故に大きく、動きが遅いからです。**弱者は自分たちが有利になるような戦場を選び、好機を待ちましょう。その胆力と覚悟を持って。**

3　経営とは：テイラー、メイヨー、フェイヨル

テイラーは
生産性を上げ、
メイヨーは
人を活性化し、
フェイヨルは
企業を統治した。

科学的管理法
人間関係論
必要不可欠な活動
POCCCサイクル

ホーソン工場

テイラーは工場を管理し生産性と賃金を上げた

蒸気機関による動力の革命が、大規模な工場や工事・採掘現場を生み出しました。しかし**工場の中は、「怠業」と「不信」「恐怖」にあふれて**いました。単純な出来高払いの給与体系だったので働くだけ給与は上がるはずでしたが、給与の支払いが増え過ぎると管理者側が賃率を下げたので手取りは変わりません。働くだけムダだと組織的怠業が蔓延し、「頑張るヤツは迷惑」という同調圧力までかかる始末。管理者（親方）はそれに対して叱責や解雇という恐怖で対しました。

フレデリック・テイラー[4]は、その変革のためにさまざまな実験・研究をします。ストップウォッチを使って作業の**時間分析**をし、メジャーを使って**移動距離**を調べました。それまでの目分量方式[5]の作業の割り振りではなく、ちゃんと**計算して作業を配分**し、**マニュアル**をつくり、新しい**賃金体系**を試しました。

その改革の結果は劇的なものでした。**作業者の生産性**（1人あたりの作業トン数）は、それまでのなんと3.7倍に増えました。同時に作業者の平均賃金は63％も増えましたが、全体としてのコストは半減し、労使ともに大いに得をしたのです。

彼の研究と実践の集大成としてまとめられたのが、**『科学的管理法の原理』**[6]（1911）でした。テイラー55歳のときの作品です。

メイヨーは人間関係により人を活性化した

豪州生まれの**エルトン・メイヨー**[7]は、医学、論理学、哲学を学び、42歳からはアメリカに移って1927年、**ホーソン工場**（電話機製造）での実験に取り組みます。

リレー組み立て作業での実験では、工員100人から6人が選ばれ、賃金、休憩、軽食、部屋の温度・湿度が変えられました。しかし何がどう変わろうが、戻されようが、条件が変わる度に6人

---

4 Frederick Taylor（1856～1915）　5 rule of thumb method

6 彼の唱える科学的管理法の内容とは、①課業管理、②作業研究、③指図票（マニュアル）制度、④段階的賃金制度、⑤職能別組織、の5つ。

はその生産性を上げ続けました。**彼女らのプライドや連帯感は（実験の目的がどうあろうとも）、すべての環境変化に打ち勝った**のです。

1928〜30年には、**全従業員2万人に対する大規模な面接調査**が行われました。最初は研究者による聞き取りでしたが、途中から現場マネジャーが面接を行うようになり、面接法も自由に会話する非誘導的なものになりました。要は「**雑談**」です。2万人分の雑談レポートを前にメイヨーたちは途方（とほう）に暮れましたが、意外な成果がすぐ表れました。**面接をしただけで（内容にかかわらず）その部署の生産性が向上した**のです。

他の実験の結果も踏まえて、彼は結論を出します。**ヒトとはパンのみによって生くるにあらず**、と。

- ヒトは経済的対価より、社会的欲求の充足（じゅうそく）を重視する
- ヒトの行動は合理的でなく感情に大きく左右される
- ヒトは公式（フォーマル）な組織よりも非公式（インフォーマル）な組織（職場内派閥（はばつ）や仲良しグループ）に影響されやすい
- **ヒトの労働意欲**は故に、客観的な職場環境の良し悪しより、**職場での（上司や同僚との）人間関係に左右される**

テイラーが開拓した合理的な生産性向上の方法論は、恐怖と怠業と貧困が支配する19世紀の工場現場を脱却するには必要でした。しかしその後、豊かになった20世紀の従業員にとって十分ではありませんでした。そこでは**メイヨーを始祖とする「人間関係論**」が必須となり、それはリーダーシップ論、企業文化論といったさまざまな領域への発展を遂げていきました。

企業全体の統治プロセスを生み出したフェイヨル

仏グランゼコール[8]**出身の英才アンリ・フェイヨル**[9]は、若くして鉱山会社の幹部となり47歳で社長に就任します。彼は、倒

---

[7] Elton Mayo（1880〜1949）

[8] Grandes Ecoles。仏のテクノクラート（技術官僚）養成機関。

産寸前だった同社を優良企業へと転換し、以来30年間、トップとしての責務を果たしました。彼は**『産業ならびに一般の管理』**（1917）**で企業における「必要不可欠な活動」を、6つに分類・整理**[10]しました。

①技術（開発・生産）
②商業（販売・購買）
③財務（財務）
④保全（人事・総務）
⑤会計（経理）
⑥経営（経営企画・管理）

中でも**経営活動の明確化が画期的**でした。ビジネスの方向性や経営方針を定めること、各種活動間の調整を行うことなどは、すべて経営活動だとし、下図の「**POCCCサイクル**」を回し続けることが企業を経営（アドミニストレーション）・管理することだとしました。

テイラーは工場を回し、メイヨーは人間を高め、そして、**フェイヨルは事業を経営する手法を編み出した**のです。

■フェイヨルの経営管理プロセス：POCCC

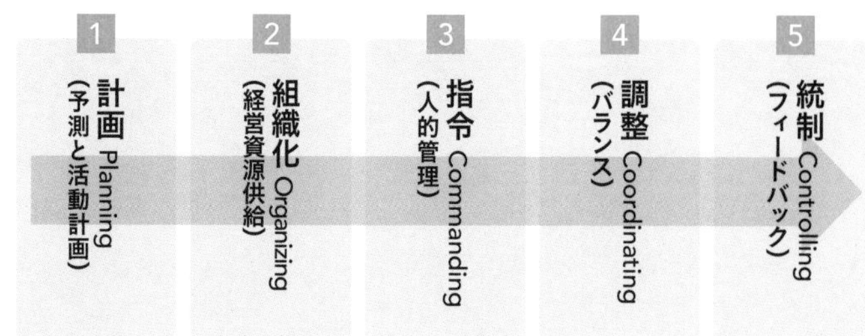

[9] Henri Fayol（1841〜1925）。よくファヨールと表記されるがフランス語の発音上はフェイヨルである。
[10] 68年後、ポーターが唱えたバリューチェーンそのもの。

4 経営戦略とは：
バーナード、アンゾフ、チャンドラー

経営戦略とは、組織の壁を越えるための「共通の目的」。

バーナード革命
経営戦略/共通の目的
アンゾフ・マトリクス
事業部制

デュポン
GM

経営戦略という言葉をつくったバーナード

1929年10月24日のアメリカ株式市場での株価急落に端を発した**世界恐慌は、経営者に外部環境の恐ろしさ**を突きつけました。しかし同時に、経営者がどういった方向を打ち出し、どう対処するか、で企業と社員の命運が決まった10年でもありました。

そこで経営における戦略とは何かを、最初に明確にしたのは、**チェスター・バーナード**[11]です。彼もフェイヨルと同じ、経営のプロでした。1927年から20年間、**ベル**の子会社の社長を務め、その発展に貢献した人物です。

社長在任中に出版した**『経営者の役割』**（1938）は、世界恐慌で苦しむ経営者たちを鼓舞するものでした。キミらの役割は重い、と。彼は企業体を単なる組織でなくシステムとして定義し、その成立要件として「**共通の目的**」「**貢献意欲**」「**コミュニケーション**」**の3つ**を挙げました。組織が成功するには、その構成員の貢献意欲が高いこと、活発なコミュニケーションがあること、何より「組織を越えた共通の目的」が大切だと。そしてその「**共通の目的」を経営戦略（Business Strategy）と呼びました**[12]。

経営戦略という言葉の定義はさまざまありますが、この「組織

■バーナード革命

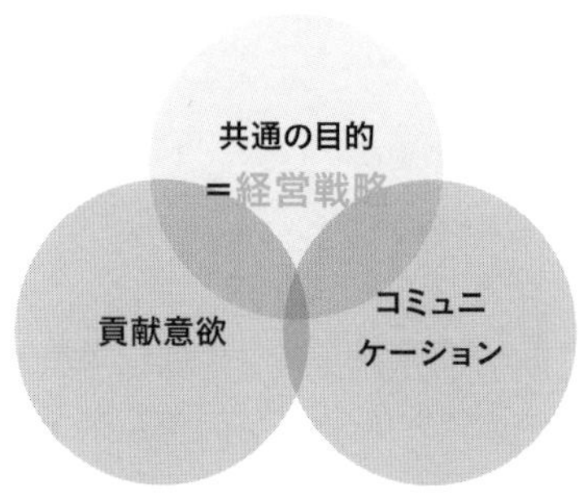

[11] Chester Barnard（1886～1961）
[12] Strategyという軍事用語を経営に取り入れたのはバーナードが最初。

を越えた共通の目的」こそがその原点でしょう。

経営者の役割を唱えた彼の主張は「**バーナード革命**」とも呼ばれました。

アンゾフが経営戦略論の原型をつくった

1936年に18歳でアメリカに渡ったロシア系移民のイゴール・アンゾフ[13]は、学問と実業経験を重ねた上で、経営戦略に形を与えました。**『企業戦略論』**（1957）**で、ギャップ分析や3Sモデル、アンゾフ・マトリクスを唱え**、成長戦略・多角化戦略のあり方などを明らかにしました。中でもアンゾフ・マトリクスでは事業成長の方向性を、既存の製品で新しい市場に挑む「**市場開拓戦略**」と既存の市場に新しい製品を投入する「**製品開発戦略**」、さらに既存の市場とも製品とも関係ない分野に挑む「**(真の) 多角化戦略**」に分け、企業の成長戦略の道標となりました。

さらに『戦略経営論』（1979）では、外部環境の「乱気流度合い」に合わせて企業はその戦略や組織を「同じレベルで」変えるべし、と結論づけ経営戦略論の原型をつくり上げました。

■アンゾフ・マトリクス

[13] Igor Ansoff（1918～2002）。彼は業界における環境を、反復型、拡大型、変化型、不連続型、突発型の5段階に分けた。

チャンドラーが広めた「事業部制」による多事業管理

遡って1920年代には、**複雑な企業体を管理するための組織**が大手化学会社デュポンによって発明されていました。それが「事業部制」です。事業部制のお陰で多角化展開が楽になり、第二次世界大戦以降、大企業はこぞって地理的・製品的な拡大を推し進めました。そのひとつが、世界最大の自動車会社となったGM（General Motors）でした。

アルフレッド・チャンドラー[14]は**『組織は戦略に従う』**（1962）で、デュポン、GM、スタンダード石油ニュージャージー（現エクソンモービル）、シアーズ・ローバックの４社を「組織イノベーションを起こした代表企業」としました。

事業部制の詳しい仕組みを明らかにしたこの本は、分権化を迫られた大企業にとって「事業部制の教科書」となり、多くの企業が（マッキンゼーなどの経営コンサルティング会社の助けも借りて）模倣しました。多角化戦略を推し進めるには事業部制に転換せよ！と。

ただ、この本の原題は**“Strategy and Structure”**で、邦題のような意味はありません。チャンドラーが言いたかったのは、「**組織と戦略は互いに影響を及ぼし**、組織が戦略を規定する場合もあれば逆もある」「ただ、**組織（ヒトも含む）の方がより変わりにくいので、戦略に沿って組織を変える方が無難**」ということでした。

さてここからは、どうやって経営戦略をつくり上げていくのかのプロセスについて解説します。

---

[14] Alfred D. Chandler（1918～2007）

5　経営戦略策定プロセス

外見て、内見て、チャンス見つけて、決める。

戦略策定プロセス
外部/内部環境分析
事業機会分析
事業戦略決定

アンドルーズはSWOT分析による戦略策定手法を広めた

バーナード、アンゾフ、チャンドラーたちが打ち立てたコンセプトを整理し（新たなツールや洞察（インサイト）を加えた上で）、世の中に広めたのが、ハーバード・ビジネス・スクール（以下HBS）の看板教授ケネス・アンドルーズ[15]でした。彼らがつくり上げた、企業戦略論を中核とした講座は大成功を収め、出版もされました。**『ビジネスポリシー：テキストとケース集』**[16]（1965）です。

その内容は「**外部環境分析**」「**内部環境分析**」「**戦略構築（機会分析/戦略決定）**」「**実行プランニング**」**などによるオーソドックスな企業戦略立案手法**でしたが、その中核である分析ツール「SWOT（スワット）マトリクス」（45頁参照）が大ヒットとなりました。多くのビジネススクールが、この本をこぞって教科書とし、彼の考えは、あっという間に**欧米エグゼクティブたちの共通認識・共通言語**[17]となっていきました。

さてここからは、アンドルーズらがつくった「**戦略策定プロセス**」を企業事例を入れながら解説し、その後生まれた多くの経営戦略論の中から一部を紹介することにします。

■アンドルーズの戦略策定プロセス

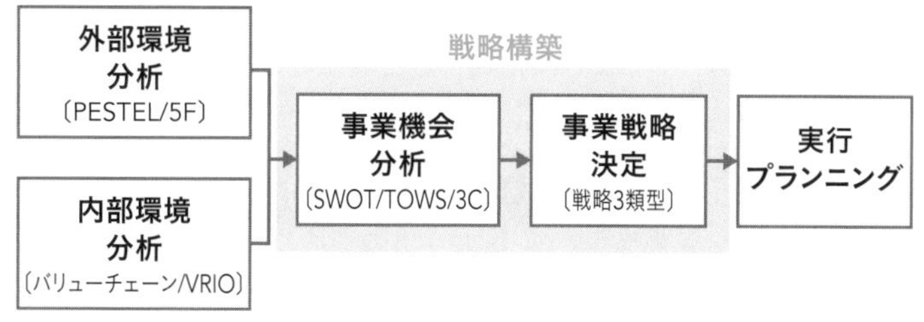

---

15 Kenneth Andrews（1916～2005）
16 企業経営のための総合科目。1971年には『企業戦略コンセプト』も出版。
17 共通言語の価値については4章の209～211頁でも論じる。

6　外部環境分析：PESTEL分析と5F分析

5Fが示すのは「今後儲かる市場かどうか」だけ。

PESTEL分析/PEST分析
5 F分析

インテル
マイクロソフト

PESTEL分析はマクロな流れ、リスク・機会を整理する

ある事業をとりまく事業環境は、自社の競合や取引先を対象としたミクロ(micro)なものと、それらをすべて取り囲むマクロ(macro)なものがあります。前者の代表的なものが「**5F**(ファイブエフ)」で、後者のそれが「**PESTEL**(ペステル)**分析**」です。PEST(ペスト)分析[18]は、ハーバード大学教授のフランシス・アギュラー[19]が1967年の著書でETPSとして発表しました。ETPSはそれぞれ以下を指しますが、

- **Political**(政治的)：欧米中ロの対立や地域紛争など
- **Economic**(経済的)：世界経済や格差問題など
- **Sociological**(社会的)：地域ごとの習慣や人口構成など
- **Technological**(技術的)：AIや自動運転技術の発達など

最近はさらに、

- **Environmental**(環境的)：環境問題への対応など
- **Legal**(法的)：知財や各種規制・独禁法など

が加わって、**PESTEL**となっています。

これら6つの要因について、どんなリスクがあり、どんな機会があるのかを明らかにするのが**PESTEL分析**です。

■外部環境分析：マクロとミクロ

[18] 「PEST分析の考案者はコトラーだ」と大体の本やサイトには書いてあるが、コトラーはそれを広めただけ。

[19] Francis Aguilar (1932〜2013)

それらが次のSWOT（スワット）分析（45頁参照）につながります。

PESTEL分析では、現在どうであるかを客観的に捉えるとともに、今後どうなっていくかの大きな流れを把握することが必要です。もちろん経営戦略的には、流れを先取りするのもよし、逆張り戦略でニトリやアパホテルのように「不況のときこそ出店。土地が安く買える！」もありですが。

5Fは業界の収益性を評価する

経営戦略論の歴史の中で、マイケル・ポーター[20]が残した功績を経営ツール的に言えば「**5F分析**[21]」「**戦略3類型**」（53頁参照）「**バリューチェーン**」（41頁参照）の3つでしょう。ここではミクロな外部環境分析のひとつとして有名な「5F」を解説します。ポーターは「5Fフレームワーク（Five Forces Framework）」によって、自社のいる業界構造を明らかにしようとしました。彼の大ヒット作**『競争の戦略』**（1975）に曰く、

①競争戦略を策定する際、もっとも重要なのは企業をその環境との関係で捉えること

②その環境としてダイジなのは、その企業がいる**業界の定義とその構造**

③**業界構造は自社にかかる圧力**として理解でき、それには「**既存競合**（Competitors）」「**買い手**（Buyer）」「**供給者**（Supplier）」「**新規参入者**（New Entrants）」「**代替品**（Substitution）」の5種類がある〔5F〕

④その中でもっとも強い力が決め手（＝競争の最重要要因）となる

①はバーナード以来の主張ですから新味はありません。新しいのは②③です。ポーターは、この5つの力を調べる詳細なリスト（全部で約50項目）を付けて、これで業界構造は理解できると喝破（かっぱ）しました。そこから自社にとって有利になるような戦略も立てられるかもしれません。

---

[20] Michael Porter（1947〜）。ハーバード大学でMBA（経営学修士）を取得したが、博士号は経済学で取得。

[21] Porter's Five Forces Framework：5Fなどと表記される。

でも**実は5Fは、その市場が中長期的に「儲（もう）けられる市場」なのかどうかを判断するため（だけ）のツール**でした。今どんなに儲かっている市場でも、5Fが強過ぎれば所詮（しょせん）いつか業界全体が低収益に落ち込みます。1990年代のPC市場がまさにそれでした。市場の爆発的拡大によってPCメーカーは一時大いに利益をあげましたが、そのコストの大部分を占めるCPU[22]やOS[23]の供給側がほぼ独占状態（インテルやマイクロソフトなど）だったため、利益はそちらに持っていかれ、低収益の事業となってしまいました。5Fはそういった未来を示してくれるのです。

5Fはあくまで市場の将来の収益性を指し示すツールです。外部環境分析の万能（ばんのう）ツールではありません。具体的な外部環境分析についてはB3C分析（55頁参照）で解説します。

■ポーターの5F分析

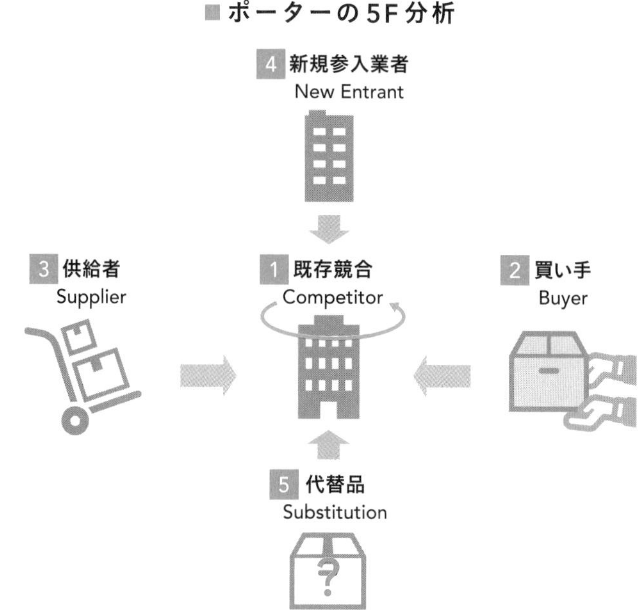

22 Central Processing Unit 中央処理装置。インテルのCore-i9など。
23 Operating System。ハードとアプリケーションソフトの間に入り、システムとしての環境を統一するソフト。Windowsなど。

7 内部環境分析：バリューチェーン分析とVRIO分析

その企業能力は、稀少か、マネしづらいか！

バリューチェーン
VRIO分析
ケイパビリティ
競争優位の源泉

DELL

バリューチェーン：重要な企業活動か

1985年の『競争優位の戦略』で、ポーターはもうひとつのヒットを飛ばします。「**バリューチェーン**（Value Chain）」です。

バリューチェーンは企業の諸活動を、主活動5つと支援活動4つの計9つに区分したもので、古くはフェイヨルの「**必要不可欠な活動**」(1917)、近くはマッキンゼーの「ビジネス・システム」(1980) とほぼ同じものでした。

彼はここで初めて外部ではなく、企業の内部に目を向けたのです。目的は、日本版の副題[24]にある「いかに高業績を持続させるか」でした。

企業の成功のためには、「魅力的な市場」を狙うだけでは足りない。そこで「優位に立てる企業能力（ケイパビリティ[25]）」が必要だと気づいたのです。彼はどの活動が重要かを見極めろと説きました。企業の各部門の活動を、価値創造の連鎖（Value Chain）と捉えたこの概念は、その抜群のネーミングのお陰で、その後長く使われることになります。

■ バリューチェーン（現代版）

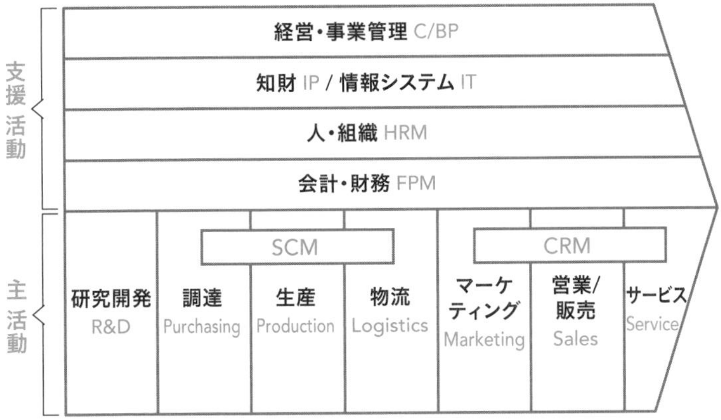

支援活動
経営・事業管理 C/BP
知財 IP / 情報システム IT
人・組織 HRM
会計・財務 FPM

主活動
研究開発 R&D
SCM：調達 Purchasing / 生産 Production / 物流 Logistics
CRM：マーケティング Marketing / 営業/販売 Sales / サービス Service

24 原題は『Competitive Advantage』のみで副題はない。
25 Capability。才能や素質という意味もあるが、ここでは「何かを実行することができる組織的能力」を指す。

しかしポーターが考えるケイパビリティの位置付けは、あくまで限定的・従属的なものでした。彼は、

- ケイパビリティ強化は、ポジショニング実現の手段である
- ケイパビリティも活動プロセス（バリューチェーン）中心

と考え、ポジショニング派のチャンピオン（闘士、覇者、博識）としての活動を強めていきました。（59頁参照）

VRIO分析：優位性につながるケイパビリティか

しかし同じ頃、ケイパビリティの重要性を説く一派が現れます。C.K.プラハラード[26]とゲイリー・ハメル[27]は『コア・コンピタンス経営』（1990）で「NECが規模3倍の競合に勝てたのは、コア製品（半導体）の競争力向上に集中したから」「競合は外部環境から考えたが、NECは内部環境（ケイパビリティ）から考えて成功した」と示しました。

ユタ大学のジェイ・バーニー[28]はそれらを体系化[29]すると同時に、**あるケイパビリティが「競争優位の源泉（コア・ケイパビリティ）」になり得るのか**どうかを見極めるために4つの判断基準を示しました。これが**VRIO（ブリオ）分析**（下図）です。

■ バーニーのVRIO分析

[26] C.K.Prahalad（1941～2010）　[27] Gary P. Hamel（1954～）
[28] Jay B. Barney（1954～）
[29] 資源ベース理論（Resource Based View）と呼ばれる。

バーニーは、名著**『企業戦略論』**（1996）の中で、厳しい事業環境下でも成功を収めていた（90年代の）DELL（デル）を、VRIOフレームワークで以下のように分析しています。

・**購買機能**：大量購買でV（経済価値）はあるが、R（稀少）でもI（模倣困難）でもない。JIT方式[30]での購買もV・RのみでIがないので一時的競争優位にとどまる

・**販売・サポート機能**：電話・ネット対応で先頭を走っており評価も高い。この顧客間での名声・評判にV・R・Iがあり持続的な競争優位となり続ける

・**製品組み立て機能**：細部にわたった工夫が継続的になされておりV・R・Iが高い。DELLの持続的競争優位の源泉である

部品配送・製品輸送・在庫保持・アプリケーションソフト機能：これらにはV・R・IがないためDELLは機能をアウトソーシングしており、会社としてV・R・Iのある機能に集中できている（これが、O［組織］が優れているということ）

この分析から、バーニーはDELLの優位性持続を予言しました。DELLはその後2001～06年の間、PC世界一の座に君臨し、VRIO分析の正しさを示しました。

しかしその後DELLを待ち構えていたのは**「PC市場の縮小」「iPadなどの代替品」「さらなる競合」という強烈な外部環境の変化**でした。それまでのケイパビリティがDELLを救うことはなく、創業者のマイケル・デル[31]はその再構築を決意します。彼は249億ドルでDELLを買収（MBO[32]）し、640億ドル余りを投じて多くのIT企業をM&AすることでDELLのケイパビリティを刷新します。

その賭けは当たり、5年後には再上場を果たしました。

---

[30] Just-In-Time：トヨタ自動車が生み出した「在庫を悪」とする高効率生産方式。
[31] Michael S. Dell（1965～）
[32] Management Buy-Out。経営陣自身が自社株を買い占め、経営権を握ること。

8 事業機会分析：SWOTとTOWS

SWOTは
ただの整理箱。
TOWSは
戦略案の提案箱。

SWOT分析
TOWS分析

—

外部環境と内部環境を組み合わせたSWOTマトリクス

スタンフォード研究所（SRI）のアルバート・ハンフリー[33]は、企業の中長期計画がなぜ失敗したかを分析する枠組みとしてまず「SOFT（ソフト）分析」なるものを考案し、後にその軸と中身がちょっと変わって「SWOT（スワット）マトリクス」となりました。2008年の調査によると、企業での利用率は7割を超える[34]とか。

内部（組織）要因で自社の目的達成にポジティブな要素[35]を「強み（Strengths）」、ネガティブな要素を「弱み（Weaknesses）」、外部（環境）要因でポジティブな要素を「機会（Opportunities）」、ネガティブな要素を「脅威（Threats）」と整理するものです。

経営戦略とは、外部環境における「機会」と内部環境における「強み」を組み合わせることにある、とバーナード（31頁参照）らは示しました。その考えを具現化するための分析ツールがこの**SWOTマトリクス**だったのです。

SWOTは分析ではない。ただの整理表

SWOTはアメリカ英語ではスワットに近く、米警察の特殊部隊SWAT[36]と同じ発音です。でも、これ自体では実は大した「武

[33] Albert Humphrey（1926～2005）

[34] The Global Benchmarking Network による22ヶ国450社調査（2008）ではSWOT分析の使用率は72%で2位。使用率1位は「顧客サーベイ」（77%）。

器」ではありません。

SWOT分析とは言うもののSWOT**マトリクスはただ整理するだけのツール**であり、そこから何かが出てくる分析ではありません。SWOTの表を埋めたからといって、そこから直接には何の結論も出ませんし、**論理思考プロセス上、何かが拡がるわけでも絞れるわけでもありません。**つまりSWOTマトリクスとは「分析」ではなく、ただの「整理図」なのです。それ以上でもそれ以下でもありません。

ある中堅企業でも何年か前、勉強熱心な社長さんが嘆いていました。「会議に出てくる企画書や稟議書があんまりバラバラだから、『必ずSWOT分析を付けろ！』って言ったんだよ」「社内で勉強会もやってさ」「そうしたら、みんなSWOTの図を１枚だけ付けて、いきなり結論を書くようになった」「みんな、前よりもっと考えなくなっちゃったよ……」

SWOT「分析」は危険な思考停止ツールのひとつなのです。

TOWS分析はアイデア出しのツール

でも、SWOTの応用である**TOWS分析**[37]、は結構使えます。サンフランシスコ大学教授のハインツ・ワイリック[38]が1982年の論文「The TOWS matrix: a tool for situational analysis」で提唱しました。

やることは単純で、SWOTで出した機会・脅威ひとつひとつに、強み・弱みをかけ合わせていくのです。**全部を組み合わせてみることで、打つべき策の「案」がいろいろ出てきます。**

- 機会×強み⇒「**積極攻勢**」**策**のアイデア
- 機会×弱み⇒「**弱点強化**」**策**のアイデア
- 脅威×強み⇒「**差別化**」**策**のアイデア
- 脅威×弱み⇒「**防衛/撤退**」**策**のアイデア

---

[35] オリジナルでは横軸は「目的達成にHelpfulかHarmfulか」である。
[36] Special Weapons And Tactics

例えば、強み・弱み、機会・脅威がそれぞれ5つ定義できていたとしたら、各象限には5×5の組合せが入り得るので、全部で100（25×4）個もの「策のアイデア」が、生み出されることになります。もちろん無意味な組合せもあるでしょう。それを除いたとしても、さまざまなアイデアが残ります。

でもやっぱり、ここから答え（打つべき施策やそれをまとめた戦略）は出てきません。**施策のアイデアが出てくるだけ**です。だからいきなり「これらTOWS分析の結果、これこれを積極展開するべきなのです！」などと、決して叫ばないこと。TOWSマトリクスは、あくまで、事業要素を組み合わせて、施策の案を「少し」拡げるためのツールなのですから。

■TOWSマトリクス

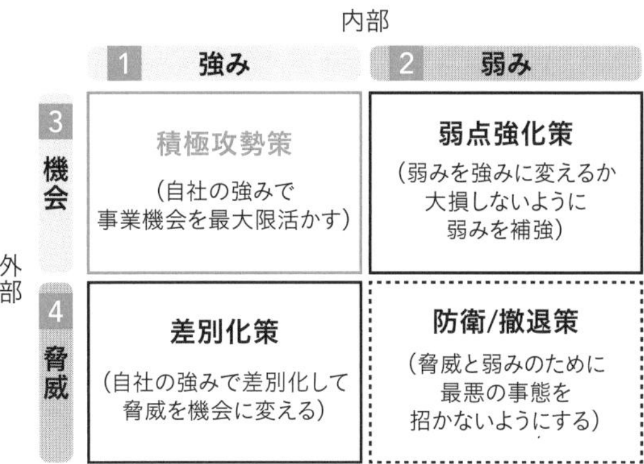

---

37 オリジナルは縦軸が「機会・脅威」、横軸が「強み・弱み」だが、日本で紹介されているものは「クロスSWOT分析」と名付けられ、ほとんどが縦横逆。

38 Heinz Weihrich（1934〜）

COLUMN 1 大テイラー主義者 BCG

経営者に、競合や事業部長と戦うための武器を与えたBCG。

成長・シェアマトリクス/PPM
経験曲線
大テイラー主義

ボストン コンサルティング グループ

CEOのための「使える分析ツール」をつくったBCG

1960年代のM&Aブームやその後の「無関連多角化[39]」の嵐の後、大企業は数十もの事業部を抱え、本社と事業部門上層部のコミュニケーションは途絶し、**全社管理は崩壊寸前**でした。事業の絞り込み、「リストラクチャリング戦略」が始まります。

しかし当時、一般の経営者にとってまだまだ「使えるツール」はありませんでした。チャンドラーの戦略論は（事業部制の部分以外は）曖昧に過ぎ、アンドルーズの戦略プランニングはSWOT分析の後が個人のセンス任せのアートでした。アンゾフの経営戦略論は（残念ながら）あまりに難解[40]で、マッキンゼーは組織戦略に傾注していました。

1963年、ブルース・ヘンダーソン[41]が立ち上げた**ボストン コンサルティング グループ**（BCG）はそこに勝機を見い出し、「使えるツール」を提供することに成功しました。それらのツールは3つの点で画期的でした。

- **時間**：将来を予測できた（**経験曲線**[42]、持続可能な成長方程式）
- **競争**：競争力や競争状態を分析できた（経験曲線）
- **資源配分**：事業間の資源配分ができた（**成長・シェアマトリクス**）

そしてこれらツール群は、誰よりもCEOをはじめとしたトップマネジメントたちを助けました。事業戦略レベルだけでなく企業戦略レベルの悩みに答え、機能別（マーケティング、生産、財務など）だけでなく統合的な答えを与えたからです。

それまで漠然とした指針しか与えてくれなかった「**経営戦略論」が、これらツールによって**、突如として「**数値的に分析可能」な作業に変化**しました。これを『経営戦略の巨人たち』の著者ウォルター・キーチェル三世は「**大テイラー主義**」と名付けました。

[39] アンゾフ・マトリクス（32頁）でいうところの右下。既存の事業の市場とも商品とも関わりがない領域に多角化すること。
[40] アンゾフの経営戦略策定プロセスには、検討すべきボックスが57個あった。

事業ポートフォリオ管理の武器となった「成長・シェアマトリクス」

1969年に生み出された「**成長・シェアマトリクス**」は**PPM**[43]や**BCGマトリクス**とも呼ばれます。この2×2のシンプルなマトリクスは、**多数の事業管理に悩む経営者たちの武器**となりました。

つくったのは入社1年目の天才コンサルタント、リチャード・ロックリッジ[44]。クライアントであるユニオン・カーバイドの持つ数十もの事業を、競合相手と一覧で比較できるようにすることが彼のミッションでした。上司であるビル・ベイン（のちに独立しベイン・アンド・カンパニーを創業）がそう約束してしまったのですから、仕方がありません。

分析の山に埋もれながら、それをどう整理して相手に伝えればいいか悩み続けましたが、ある日天啓が訪れます。彼はその場で「成長・シェアマトリクス」を書き上げ、CEOとの打ち合わせに臨みました。

■**BCGの成長・シェアマトリクス**

市場成長率 ＼ 相対シェア	高い	低い
高い	スター Star 〔最大投資〕	問題児 Problem Child 〔選択的投資〕
低い	金のなる木 Cash Cow 〔資金創出〕	負け犬 Dog 〔撤退〕

41 Bruce Henderson（1915～1992）

42 Experience curve：生産や販売量の累積（経験量）とともに、規則的にそのコストが下がることを示した。

このマトリクスは2重の意味で画期的でした。①絵としてわかりやすい、②実際に事業の位置付けを数値で分析できる、はじめての「企業戦略（Corporate Strategy）ツール」だったのです。

各事業はその「市場（予想）成長率」と「相対シェア[45]」によって4象限のどこかに位置付けられます。各象限は金のなる木（Cash Cow）、スター（Star）、問題児（Problem Child）、負け犬（Dog）、などとネーミングされており、**経営レベルから見たときの「基本事業方針（資源投入すべきか否か）」「基本財務方針（資金の回し方）」が明確に**示されています。

例えば、ある事業の市場成長率が低く（成熟市場）、相対シェアがリーダーだったとしましょう（133頁参照）。そうすると、

- **事業分類**：「金のなる木」
- **事業方針**：低成長・高シェア・高収益の維持
- **財務方針**：高利益率を維持しつつ、投資を最小限にとどめることでキャッシュ（余剰資金）の創出源とする

となります。そして全体としては、

- 「**金のなる木**」事業から得た資金を、金食い虫の「**スター**」事業につぎ込み高成長・高シェアを維持
- 「**問題児**」事業から次のスターを育てるべく選別の上、重点的に資金投入
- 「**負け犬**」事業は速やかに売却・撤退

と回していけばいいのです。細かい事業理解や分析は必要ありません。

こういった**企業全体での「お金（投資資金）の流れ」を明確にした**ことで、アメリカの大企業経営者たちは、一気にこのマトリクスに飛びつきました。**これで部下の事業部長たちと戦える**、と。

このBCGの「成長・シェアマトリクス」（もしくはその類似品）は大企業の半数が使う経営ツールとなりました。

---

43 Product Portfolio Matrix：ポートフォリオとは書類を整理するための容れ物。
44 Richard Lockridge（1943～）
45 最強の競合とのシェア比。自社がトップなら2位と、自社が2位以下なら1位と。

9 事業戦略分析：ポーターの戦略3類型

事業戦略の究極の二択。コストか価値か、全体かニッチか！

戦略3類型
コストリーダーシップ戦略
差別化戦略
集中戦略

フォード
Apple

儲かるポジションか：戦略3類型

ポーターが『競争の戦略』で提示したのが「**戦略3類型**」です。たとえ儲けられる市場を選んだとしても、「儲かる位置取り」をしていなければ、収益など上がりません。そのための**位置取り**（ポジショニング）**として彼は、3種類**（細かくは4種類）**しかない！**と主張しました。

まずはその市場の中で、**全体を相手に戦うのか否か**、です。自分たちが有利になりそうな**市場の一部（ニッチ）のみを対象として戦うことを**「**集中戦略**（Focus）」と呼びました。そして敵と戦うときの位置取りには、「究極2種類しかない」と言いました。「**コスト**（Cost）**リーダーシップ**（Leadership）**戦略**」か「**差別化**（Differentiation）**戦略**」か、です。

コストリーダーシップ戦略では全社的な低コストで戦います。フォードのT型フォードはまさにこれでした。差別化戦略では顧客に対する付加価値の高さで戦います。Appleは最後発として携帯音楽プレイヤー市場に乗り込み、高品質（高音質ではない）高価格のiPod（アイポッド）で市場を席捲（せっけん）しました。

ポーターは迫ります。究極自分たちは何で戦うのか、どんなポジションを目指すのかを明らかにせよ、と。

■ポーターの戦略3類型

競争優位の源泉

対象市場	コスト	付加価値
広い	コスト リーダーシップ Cost Leadership	差別化 Differentiation
狭い	集中 Focus（集中&コスト リーダーシップ）	集中 Focus（集中&差別化）

10 統合的戦略分析：B3Cフレームワーク

「敵を知り己を知れば百戦危うからず」というけれど、**一番ダイジ**なのは、その**戦場自体**の**理解**。

3C分析
B3Cフレームワーク
市場の魅力度
事業特性

—

戦場を規定し全体を見るための「B3Cフレームワーク」

『The Mind of the Strategist』（1982）で大前研一（おおまえけんいち）は、経営戦略を**顧客**（Customer）、**競合**（Competitor）、**自社**（Company）が相互に影響し合うものとして捉え「戦略的トライアングル」[46]と呼びました。3C（サンシー）分析とも呼ばれます。でも相互に何と何がどう影響を与えるのかが、なかなかに難解でした。

1996年頃に私は、事業環境や強み・弱み議論を包含するためのフレームワークをつくりました。

名前を「**B3C（ビーサンシー）フレームワーク**」といいます。基本、3×2の6つの箱からなるもので、左右は次の3つに分かれます。

- **土俵**（**B**attle **C**ircle）：市場の魅力度や事業特性を表す
- **競合**（**C**ompetitor）：競合の事業への姿勢や戦略、強み・弱みを表す
- **自社**（**C**ompany）：自社の事業への姿勢や戦略、強み・弱みを表す

BCCCなので短くしてB3Cです。ここでは**3C分析との最大の違いであるBC(土俵）を中心に解説**します。

■B3Cフレームワーク

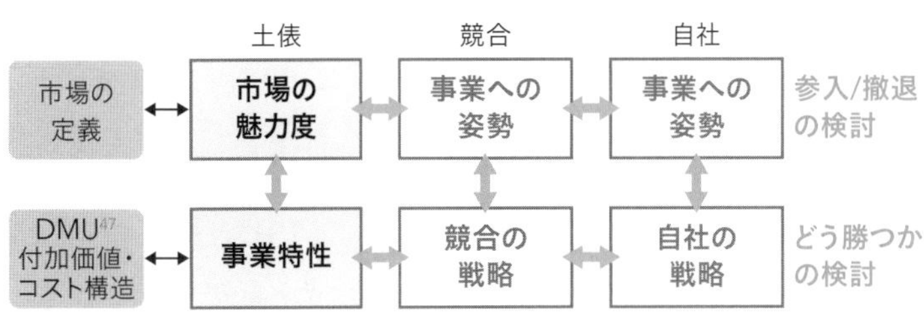

[46] 大前は2000年の著作で、新しい経済領域（サイバー、マルチプル、ボーダレス）の出現によりもう3Cは通用しなくなった、とも述べている。
[47] Decision Making Unit：購買意思決定体

土俵は「市場の魅力度」と「事業特性」で見る

土俵の**上段は「市場の魅力度」**を測るためのものですが、そこでは3つの基準があります。

- **規模**（Size）：自社比
- **成長性**（Growth）：今後の伸び。PLC（130頁参照）などを使う
- **収益性**（Profitability）：今後の見通し。5Fなどを使う

の3つです。これらが低過ぎるならば、その市場の魅力度が高いとはいえません。

そして**土俵の下段が「事業特性」**です。これは「どんなプレイヤーが有利な市場なのか」を理解するために存在します。

ここでは主にコストとDMU（購買意思決定体）にとっての価値の視点から見ていきます。

- **コスト構造分析**：全コストのうち、どのコストがダイジなのか
- **価値構造分析**：DMUにとって何の価値がダイジなのか

その上で主要なコストと価値について、それらがどうやったらどう変わるのかを把握します。

- **コスト挙動（ビヘイビヤ）分析/価値挙動分析**

もし、DMUは「顧客」、主な価値が「低価格のみ」、主な費用が「調達部品」だというなら、この調達部品はどうやったらより安く調達できるのでしょうか。いっぱい買うと安い、ならビジネス規模が効き、リーダーに有利です。でも、すぐ値下がりする、というならビジネススピードが効き、ギリギリまで調達を待てるプレイヤーが有利です。

どこからスタートしても構わない。ただし必ず土俵に戻る

B3Cフレームワークはどこからスタートしても構いません。土俵ではなく、競合分析や競合ベンチマーキングから始めるのもいいでしょう。

それで、自社と一番の競合とを比べて「営業力」と「物流力」で劣っていたとしましょう。じゃあ、すぐそれらの改善に……走ってはいけません。ちゃんとそれらを「土俵としてはどうなのか」を調べましょう。もしかしたら、大部分の顧客にとってもう営業力なんて必要ないのかもしれません。だとしたら、それを強化するのはムダです。そして物流力は何で決まるのでしょう？規模でしょうか、それとも密度でしょうか。

それらを分析するのが「事業特性」なのです。そこで、「営業力不要」「物流力は短納期が必須」だったとしましょう。そして、短納期のためには、地域圏での顧客密度が効くのだと。そこで初めて、競合分析に戻るのです。どの地域では競合に密度で勝てるだろうか、と。

市場の定義に始まり、市場の定義に終わる

あるビジネスにとっての戦場には必ずその範囲があります。商品・サービスや地域の幅で規定されるもの、それが**55頁の図表の左上にある「市場の定義」**です。

B3Cフレームワークは、作業仮説として「市場の定義」を立てることから始まります。そこで、魅力的か、勝てるのか、を考えていくことになります。**ダメそうなら諦めるか、「市場の定義」を変えるしかありません**。ひたすら、B3Cの探究を素速く繰り返します。

そして**最後、これでいけるとなったときの市場**（戦場）**の定義のことを、われわれは「ドメイン（Domain）」と呼ぶ**のです。
『孫子』にいう廟算（びょうざん）の完成です。

あとはもう、やってみるだけ。B3C完成版で上司を素速く説得しましょう。

11 経営戦略論の発展：ポジショニング対ケイパビリティ

正しい戦い方なんてない、でもひとつ選んで磨こう。

ポジショニング派
ケイパビリティ派
コンフィギュレーション
共通言語

ゼロックス
キヤノン

ポジショニング派対ケイパビリティ派の戦い

アンゾフやチャンドラーたちが基礎をつくった経営戦略論の、その後、数十年間の流れをもっとも簡潔に語れば、「**1960年代に始まったポジショニング派が80年代までは圧倒的で、それ以降はケイパビリティ（組織・ヒト・オペレーションなど）派**[48]**が優勢**」となります。極めて単純です。前者の旗手はいわずと知れたマイケル・ポーター、後者は百家争鳴ではありますがジェイ・バーニーとしましょう。

ポジショニング派は「外部環境がダイジ。魅力的な市場で競合より優位な立場を占めれば勝てる」と断じ、**ケイパビリティ派**は「内部環境がダイジ。自社の強みがあるところで戦えば勝てる」と論じました。

1962年当時、普通紙複写機市場でゼロックスは主要なユーザーであった大企業をほぼ押さえ、600件にもおよぶ特許と、従量課金のレンタル方式（大きな資金力を必要とする）をとることで、「20年は崩せない」といわれた**鉄壁のビジネスモデルを構築していました。これを正面突破しようとする企業は、世界中に1社もありませんでした。普通紙複写機市場は大きく、成長しそうで、**

■ポジショニング派 対 ケイパビリティ派

[48] バーニーの他、リチャード・ルメルトやダートマス大学タックのマーガレット・ペタラフら。

高収益な「魅力的な市場」ではありましたが、「優位な位置取り」があり得なかったからです。

しかし**1970年、キヤノンは自らの持つ光学・機械・電子技術を駆使して**、普通紙複写機NP-1100を88万円で発売します。たった数名で研究を始めて、8年後の快挙でした。ゼロックスの主要顧客であった大企業を避けて中小企業に注力するとともに、82年にはカートリッジ方式を採用した3色カラーのミニコピアPC-10を24.8万円で投入して、**小・零細企業、そして大企業の個別の部署をも顧客として開拓**します。独自のケイパビリティで強力な新商品をつくり上げ、「新たな市場」を創造したのです。

ケイパビリティ派がポジショニング派を打ち破った瞬間でした。

「どれも間違っている」とミンツバーグ

「ポジショニング重視」か「ケイパビリティ重視」か。その答えはどちらにもなく、「場合による」と主張したのが、ヘンリー・ミンツバーグ[49]たちカナダ マギル大学の一派でした。

彼らはそれを「**コンフィギュレーション**」と呼び[50]、例えば**企業の発展段階（発展→安定→適応→模索→革命）に応じて、戦略や組織のあり方やその組み合わせ方は変わる**、と論じました。「戦略はパターン化などできない」「状況次第で組み合わせよ（コンフィギュレーション）」と叫んだのです。

皮肉屋（ひにくや）のスーパージェネラリストである**ミンツバーグによれば「すべての理論は間違って」います。だって企業が置かれている状況やケイパビリティはみなバラバラで、とても個別的だから、その企業にズバリ合った理論などない**のです。

それでも経営者はどれかを選ばなくてはなりません。なぜなら

---

[49] Henry Mintzberg（1939～）
[50]『戦略サファリ』（1998）

それは言葉だから。**組織の中で使う共通言語**（31頁及び209頁参照）**として1つ選び**（または組み合わせて）、**自分たちなりに磨き上げるしかない**のです。

みなさんはどの戦略論を選びますか？

次からは、最近の経営戦略論の例としていくつか紹介します。イノベーション戦略として有名な「**ブルー・オーシャン戦略**」と「**リーン・スタートアップ戦略**」。そして究極のケイパビリティ戦略ともいえる「**パーパス経営**」と「**アダプティブ戦略**」。最後は、次代を切り拓くエッジ（刃）と期待される「**知財戦略**」です。

12 イノベーション戦略例①：ブルー・オーシャン戦略

ブルー・オーシャンでは、エサも魚も自分でつくれ！

ブルー・オーシャン戦略
バリュー・イノベーション
戦略キャンバス

シルク・ドゥ・ソレイユ
スターバックス
QB HOUSE
任天堂 Wii

欧州からの大ヒット、ブルー・オーシャン戦略

2005年、それまでになかった戦略のあり方が、欧州からもたらされました。**ブルー・オーシャン戦略**です。

競合がひしめき、戦いの血で染まった「レッド・オーシャン」でなく、**新しい価値とコストをもとにした競争のない「ブルー・オーシャン」を創り出そう！** と説くこのコンセプトは、ポーターが主張し続けた「付加価値かコストかのトレードオフ」を否定するものでもありました。

著者はINSEAD[51]の**チャン・キム**と**レネ・モボルニュ**[52]です。2人は以来、連続して世界の経営思想家ベスト50を（隔年で）選出する「Thinkers 50」の上位にランクされています。

フランス パリの郊外フォンテーヌブローを本拠地とするINSEADはその国際性（約70ヶ国から学生を集める）がウリであり、その研究対象もアメリカ企業に偏らないものでした。2人は数年をかけて世界30業界150の戦略事例を調べ上げましたが、それも「勝者」に偏らず、「敗者」をも見つめるものでした。その勝敗を分けたものは、何だったのでしょう。

その答えが**『バリュー・イノベーション』**（1997）であり、のちにブルー・オーシャン戦略となった考え方でした。

二兎を追うバリュー・イノベーション

ポーターは「戦略とは競争に勝つことだ」「その戦い方は市場を絞るか絞らないかの他には、高付加価値で戦う差別化戦略か、低コストで戦うコストリーダーシップ戦略しかない」「つまり**戦略とは、高付加価値追求か低コスト追求かのトレードオフ**に他ならない」と断じましたが、キムとモボルニュはそれに反論します。

[51] MBAは2ヶ月5学期制の1年コースが主。フォンテーヌブローの他にシンガポールとアブダビにもキャンパスがある。
[52] W. Chan Kim（1951～）、Renée Mauborgne（1963～）

「よい戦略とは、**敵のいない新しい市場（=ブルー・オーシャン）を創り出す**こと」「高付加価値と低コストは必ずしもトレードオフではなく、**新しい高付加価値と低コストを両立**させることができる（=バリュー・イノベーション）」「つまり戦略とは、新しい市場コンセプトの案出とそれを実現するケイパビリティの創造である」

Appleの iPod（118頁参照）、シルク・ドゥ・ソレイユ、スターバックス、日本のQB HOUSE（キュービーハウス）[53]などが、ブルー・オーシャンの創造例だとされました。

ブルー・オーシャンは期間限定であり、その探索は永遠

しかしブルー・オーシャンは、成功すればするほどすぐに競合の参入を招き、レッド・オーシャンになりがちです。すぐ次の「新市場の探索」と「ケイパビリティの創造」を行わないといけません。キムとモボルニュは**『ブルー・オーシャン戦略』**（2005）で、戦略策定・実行ツールを「**戦略キャンバス**」「なくす・減らす・増やす・創るグリッド」など12種紹介しています。

これらは、キムたちが実際の企業コンサルティングの中でつくり出したものでした。だから（それほど定量的ではないが）実務的です。

■ブルー・オーシャン vs. レッド・オーシャン

Photo by iStock

[53] カットのみを10分強1350円で提供する。国内591店舗、海外129店舗（2022）。運営会社はキュービーネット。

任天堂は実際に、DS(2004)、Wii(2006)の開発時にこれらを用い、見事に「新しい顧客（女性や大人）」に対して、新しい付加価値を低コスト[54]で提供し、圧倒的な市場創造に成功しました。それまでの、「少年向け」「ハイスペック」「高コスト」のスパイラルから、ついに抜け出したのです。

でもその**任天堂の戦いも「まだまだゲームオーバーではない」**とキムは07年に言っていました。確かに任天堂はWiiの次のWii U(2012)では大失敗し、赤字にまで転落。しかし次のSwitch(2017)ではまた大成功を収めています。

本来オーシャン（大洋）の真ん中はブルーです。なぜならほとんど生命（プランクトンや魚）がいないから。だから競うべき敵もいません。

そこで生きていくためには、**自ら新たな顧客を生み育て、それを獲得し、利益を出す独自の仕組みが必要**なのです。

■新しい価値セットを表現する「戦略キャンバス」

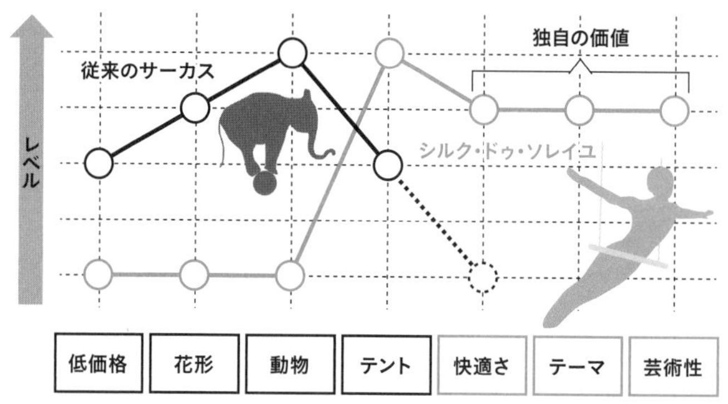

[54] 任天堂がファミコンでつくり上げたビジネスモデルは、高コストの高機能ハード機を原価割れで普及させ、その後のソフト製造ロイヤルティなどで稼ぐものだったが、Wii（当初25000円）でははじめからハード機で利益が得られていた。

13 イノベーション戦略例②：リーン・スタートアップ戦略

Just Do It!
が会社をつぶす。
ムリなくムダなく
素速く回せ!

顧客開発モデル
リーン・スタートアップ戦略
MVP
ピボット

Instagram
Facebook

スタートアップのための「顧客開発」モデル

スティーブン・ブランク[55]は、そのキャリアにおいて、8つのスタートアップ（新規事業立ち上げ）に参加し、そのうち4つを株式公開に導いた魔術師、シリアル・アントレプレナーです。

彼は**『アントレプレナーの教科書』**（2005）でその種明かしをしてくれました。それが4ステップ17段階64項目からなる「顧客開発（Customer Development）」モデルでした。

4ステップは、①顧客発見（聞いて発見）、②顧客実証（売って検証）、③顧客開拓（リーチを検証）、④組織構築（本格拡大）。そして、②でダメなら「ピボット（Pivot）」（軌道修正）して①に戻る、というもの。ブランクは「**スタートアップにチームは2つだけでいい。商品開発と顧客開発だ。**マーケティングも営業も事業開発もまずは要らない」と言い切ります。創業者やCEOはとにかくその2つに集中しろと断じました。

彼はこのコンセプトを米西海岸の大学などで教えましたが、その受講生たちの中で、「最高の生徒」とブランクに言わしめたのが、**エリック・リース**[56]でした。

IT企業のムダを排除する「リーン・スタートアップ」

リースはさらに、ブランクの考えを拡張して、トヨタがつくり上げた「リーン生産方式」の考え方をスタートアップ・マネジメントに導入します。それが「**リーン・スタートアップ**」（2011）**で、「ITエンジニアにムダな作業をさせない」がその中核**です。

リースはその多くの失敗経験を通じて、IT企業に多い「**とにかくやれ**（Just do it）」精神が会社をつぶすのだと学んでいました。ITエンジニアはとにかく、とりあえずやってみよう、と闇雲（やみくも）にプログラムを書き始めます。しかしそのほとんどがムダに終わっていました。

リースは「顧客に価値を提供できないモノはすべてムダ」「学

---

[55] Steven Gary Blank（1953〜）
[56] Eric Ries（1978〜）。イェール大学の学生時代から起業を繰り返していた。

びが検証できないモノはすべてムダ」として、そのための作業サイクルを「構築（Build）・計測（Measure）・学習（Learn）」サイクルと呼び、検証のためにつくる試作品のことを**MVP（実用最小限の製品：Minimum Viable Product）**と名付けました。

エンジニアは「不完全なモノ」を人目にさらすことを嫌います。折角だからと、ついでにいろいろなことを盛り込みたがります。それでは、ダメなのです。**検証すべきアイデアだけを盛り込んだ、最小限の変更でいい**のです。でなくては時間も人手もムダになります。さらにいえば、MVPはProductである必要すらありません。**仮説検証のA/Bテスト**[57]ができるなら、画面だけつくって裏は手作業だって構わないのです。

リースは自分の会社で、極めて迅速に「構築・計測・学習」の試行錯誤サイクルを回し続けました。多いときには1日に50回も！

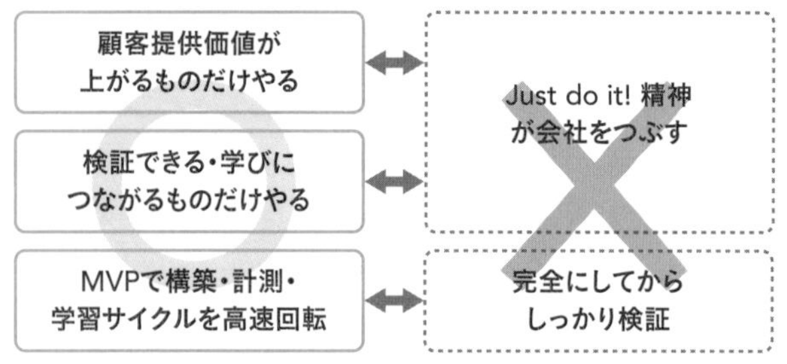

[57] 対照実験のこと。これまでのものAと、変更後のものBの効用などを比較する。基本的に変更ポイントは一つに絞ること。

InstagramはピボットとMVPで創られた

Instagramの月間利用者数は約20億人（2023年2月現在）。世界でもっとも利用されているSNSです。でも最初は、ただのソーシャルチェックインアプリでした。名前はBurbn。地図上で「今私はここにいるよ」という情報を共有できるもので、写真も投稿できました。

共同創業者のケビン・サイストロム[58]が仕事終わりにHTML5[59]を学びながらプロトタイプをつくってリリースしましたが、**使い続けてくれたのはたったの数名**でした。

しかし彼らはここでめげませんでした。「**どう使ってほしいか」を捨てて、「どう使われているか」を調べた**のです。するとユーザーたちは、位置情報を共有するよりも写真を共有すること自体に魅力を感じていたことがわかりました。そこで「写真機能付き位置情報共有アプリ」から一転、「**位置情報付き写真共有アプリ」につくり直すこと**にしました。Burbnにあった機能をどんどん削ぎ落とし、写真の「撮影」「加工」「共有」に絞りました。その**とても簡便なアプリ**の名前はInstagram。**開発期間はわずか8週間**でした。

2010年10月のリリースから2ヶ月で登録者が100万人に達し、大成功。12年の4月にはFacebook（現Meta）がなんと10億ドルで買収します。登録者数は3000万人を突破していましたが広告もなく売上高はゼロ、社員はまだたった13人のときでした。

素速いピボット、迅速でムダのない開発、の勝利でした。

[58] Kevin Systrom（1983〜）
[59] Webサイト作成用のコンピューター言語。2008年に発表され、2021年に廃止された。後継はHTML Living Standard。

14 パーパス経営とアダプティブ戦略

未来が
予見できない
時代において、
人々が頼るものは
期待だ。

VUCA
パーパス経営
アダプティブ戦略
実験する能力

セールスフォース
P&G
ZARA

先が読めないVUCA時代の経営戦略

この数年を見ても、世界は大きく変わり続けています。新型コロナウイルス（2019年12月〜）、ウクライナ戦争（2022年2月〜）を筆頭として、**世界はますます予測不能な状況**（VUCA[60]）にあり、地球温暖化も回復不能な臨界点を既に超えつつあるといわれています。持続可能な行動（SDGs[61]）に反する企業に対し、消費者のみならず金融市場・行政・労働者も、ますます厳しい態度を取るようになるでしょう。

一方ITの進化はとどまるところを知らず、画像認識、自然言語認識、各種情報分析・判断をこなす**AI**（**ChatGPT**など）が、人の能力を拡張・代替しようとしています（75頁参照）。

そういった中で脚光を浴びた経営戦略論としてここでは2つを挙げましょう。「**パーパス経営**」と「**アダプティブ戦略**」です。戦略論的にはいずれも「ケイパビリティ戦略」であり、どこを狙えと指し示す「ポジショニング戦略」ではありません。将来が見えないVUCA時代だからこそでしょう。

「パーパス経営」で驀進するセールスフォース

「パーパス経営」は**企業組織としての最高目標をパーパス（存在目的）**と名付け、すべての企業活動・組織目標をその実現に向けます。その思想的源流はピーター・ドラッカーや渋沢栄一にあり、著書の中でドラッカーは「組織はそれ自身のために存在するのではない。それは手段である。それぞれが社会的な課題を担う社会のための機関である」と言っています。

現代における成功例としては**セールスフォース**を挙げましょう。創業者のマーク・ベニオフがその著書『**トレイルブレイザー**』（2020）で明かすように、彼は**創業時から「社会貢献」こそがこの会社の存在意義だ**と宣言しました。

---

[60] もともと軍事用語で、未来の予測が難しい状況・要因を指す。Volatility（変動性）、Uncertainty（不確実性）、Complexity（複雑性）、Ambiguity（曖昧性）。

それをお題目に終わらせず行動に移すために「**1−1−1モデル**」**も掲げます。「製品の1%、株式の1%、就業時間の1%を活用して社会貢献活動をする**」というのです。今や日本でも、多くのNPOにとってセールスフォースは「なくてはならない存在」になりつつあります。

そして、社会貢献を掲げ続けたからこそセールスフォースには**よりよきIT人材が集まり、競争の厳しいIT業界で勝ち残ってこれた**のだ、とベニオフは語ります。

パーパス経営とは、ただ志を掲げそこに邁進(まいしん)することではありません。**その事業で求められる事業特性とマッチして初めて意味を成す**のです。

ベニオフは2010年以降、「企業の存在意義は社会への貢献にある」という発信を強烈に続けてきました。最初は仲間内からも「余計なことを言う奴」と白眼視(はくがんし)されていましたが、最近は変わってきたそうです。「ビジネスリーダーこそが、社会全体の未来に責任を持たなくてはいけない」という流れの先頭を、彼は走っているのです。

■ **セールスフォースのパーパスと事業戦略**

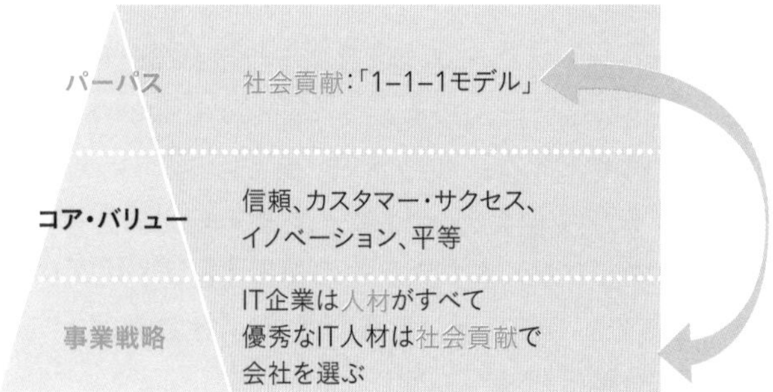

パーパス	社会貢献:「1−1−1モデル」
コア・バリュー	信頼、カスタマー・サクセス、イノベーション、平等
事業戦略	IT企業は人材がすべて 優秀なIT人材は社会貢献で会社を選ぶ

[61] 2015年9月の国連サミットで採択された、2030年までに達成すべき国際目標。Sustainable Development Goalsの略で「持続可能な開発目標」と訳される。17のゴール・169のターゲットから成る。

予測できなくて支配できないならアダプティブでいこう

BCGマーティン・リーヴス[62]らは、もし**事業環境が予測困難で自ら支配もできないなら「アダプティブ（Adaptive）戦略」でいけ**と言っています。アダプティブ戦略は、予測しがたい事業環境変化に迅速に対応することを競争力の源泉とする戦略です。

リーヴスらの分析によれば、専門小売業界、例えばファッションアパレルなどは、環境が予測困難で支配もできない業界です。だからアダプティブ戦略をとるしかありません。

アダプティブ戦略実行のために必要なケイパビリティがいくつか挙げられていますが、そのひとつが「**実験する能力**（The Ability to Experiment）」です。

商品開発レベルの実験力では、**P&G**が取り上げられています。P&Gは**3Dのバーチャル店舗**をつくり上げ、そこで商品デザインなどの評価をし始めました。実際のユーザーをそこに招き入れ、「店頭」で商品を選んでもらうことで、バーチャルなA/Bテスト（68頁参照）ができるのです。2008年には10人の担当者だけで、1万件の実験をこなしました。

また**ZARA**（ザラ）[63]は、そういった実験をリアルな店舗と商品でやり続けている事業といえるでしょう。**商品企画から市場投入までのリードタイムを2週間**（競合の10分の1）**に短縮したことで、「今の流行」に合わせた新商品投入が可能**です。シーズン初期に投入したアイテムから「売れているデザイン」を把握し、その周辺に新商品をすぐさま投入できます。また、次の流行を探るために、さまざまなデザインを実地で試すことも容易です。

未来がまったく予見できない時代に、人々が頼るのは期待です。今を生き残る力（アダプティブ戦略）と組織の根源的な存在意義（パーパス経営）。あなたはどちらに期待しますか。

---

[62] Martin Reeves（1981〜）。東京オフィスでも働いた尺八が趣味のイギリス人。
[63] 世界で1885店舗。運営会社はInditex（インディテックス）で2023年1月期の売上は326億ユーロ。その7割強をZARAブランドが占める。

COLUMN 2

AIの進化と真の意味

あなたへの答えは

あなたにしか出せない。

AI / ChatGPT
ニッチ
非定型
個別的

Google
OpenAI

圧倒的なAIの進化スピード

現代においてヒトに革新を迫っているものは技術進化でしょう。飛行機の発明（1903）から550人乗りの旅客機ボーイング747（セブンフォーセブン）就航（1969）までは66年でしたが、モトローラが商用携帯電話を発売（1983）してからAppleのiPhone（2007）までは20年ちょっとでした。

しかし、**現代のAIにおいて特筆すべきは、その進化スピード**です。2010年頃、「囲碁（いご）ソフトがプロ棋士に勝てるまであと50年かかる」といわれていました。でも実際には**Google（グーグル）が2015年につくったAI「AlphaGo（アルファ碁）」が、その後の2年間で日中韓のトッププロを凌駕（りょうが）**します。当時の世界ランキング1位、中国 柯潔（かけつ）は2連敗後「AlphaGoは碁の神に極めて近い」と敗戦の弁（べん）を述べました。

2018年秋にGoogleが発表した大規模言語モデル「BERT（バート）」が発端となり、20年には文章生成ＡＩである「GPT-3[64]」が、**22年末には対話型の「ChatGPT」がOpenAI[65]により公開され、わずか2ヶ月でアクティブユーザー数が1億人を突破**しました。さらに23年3月には「GPT-4」がリリースされ、その能力は「米司法試験で上位2割レベルに入れる」ともいわれています。

人間と（ほぼ）自然な会話をし、さまざまな情報収集はもちろん、アドバイスやアイデア出し、さらには本すら書けるAIの出現が、今社会を揺さぶっています。

AIが苦手な「非常識」「ニッチ」「非定型」

でも、騙（だま）されてはいけません。ChatGPTなどの汎用（はんよう）AIが仮に「新しいビジネスアイデアや商品企画」を何かつくったとしましょう。でもそれはその瞬間、新規性も差別性もなくしてしまい

[64] Generative Pre-trained Transformer 3
[65] 2015年創業。目的は「人類全体に利益をもたらす形で友好的なAIを普及・発展させること」である。

ます。他の誰でも、同じアイデアを得られるからです。

またChatGPTなど大規模言語モデルに立脚（りっきゃく）したAIは、未（いま）だに「**常識を超えた推論**」をするには至っていません。「少数の既知のデータから、未知の事柄を予想・推理する」ことは、本当に難しいのです。

われわれがこれから生きる世界は、2つに分かれます。万人（ばんにん）に提供される汎用の革新的（＝非常識な）商品・サービス（スマートフォンやChatGPT、自動運転車など）の世界と、少数の者たちを対象としたニッチな商品・サービスの世界です。

前者のようなイノベーションをAI自身は生み出しません。そして後者の**ニッチな世界では、定義により既存の情報が少なく、AIはあまり役に立ちません。**そこではヒトの「自ら新しいデータを取りにいく力」や「その少数のデータから意味あるインサイトを引き出す（推論）力」が必須です。

業務レベルでも同じです。いわゆる定型業務はどんどんAIが効率化・自動化してくれるでしょう。でも非定型業務はそうはいきません。「マネージャーとは非定型業務をこなすための存在だ」と1975年に看破したミンツバーグの分析は、今後ますますその意味を増すでしょう。

■AIの得手不得手

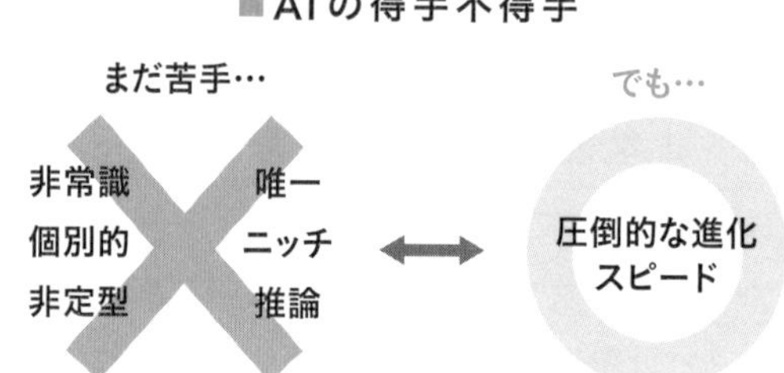

定型業務に見えても「個別的」な部分はヒトの領域

また定型的に見えたとしても、例えば**営業という仕事はとても個別的**です。ある既存の商品・サービスを、あるニッチ市場の企業に営業したいと思ったら、

①その案件においての意思決定プロセスを調べ

②意思決定者（OMV）の想いや懸念点を明らかにする

ところからスタートです。その上で、

③それを満たすべく自社独自の対応策案を考え

④それらの実現性やコストを評価し

⑤ベストのものを提案する

わけです。さてこの①②③④⑤の、どこがAIによって自動化できるでしょう。

商品・サービスを変え、組織を変え、ビジネスを変えていくのはヒトなのです。しかし同時にAIは、多くの面で圧倒的な効率性や情報の可視化をもたらします。その活用はこれからの人材スキルの前提ともなるでしょう。

そういった**新たなビジネス＆AI人材たちが育ち活躍できる組織に変わっていかなければ**、今後の企業に発展はないのです。そしてそれはトップやミドルの覚悟と勉強から。

15 知財戦略

知財は、
開いて組み合わせて、
刃に変えろ。

知的財産権
独占排他権
オープン＆クローズ戦略
知財ミックス戦略

ブリヂストン
ジレット
ダイキン
ユニ・チャーム

知財の種類とその意義

知的財産権（知財）にはさまざまな種類があり、各国で特許庁など当局がその審査や承認を行っています。

- **特許権**：発明を保護。期間20年
- **実用新案権**：小アイデアを保護。審査なく期間10年
- **意匠（いしょう）権**：デザインを保護。期間20年
- **商標権**：ロゴやマークを保護。期間10年だが更新可なので企業にとっては非常に大切
- **著作権**：創作的な表現物[66]を保護。期間は創作時から著作者死後70年、法人であれば公表後70年
- **商号権**：企業名を保護。無期限

多くの場合、**知財には保護期間中「独占排他権」（他者は類似のことも行えない）が認められる**ので、競争上非常に強力な権利です。それと同時に、個人や各企業の努力を促し、その分野への投資を加速させる条件ともなります。

高効率な蒸気機関の開発に失敗し、苦労をかけた妻を亡くし、2億円の借金と子どもたちを抱えた37歳の**ジェームズ・ワット[67]を救ったのは特許**でした。当時イギリスでようやく制度化された特許を得たからこそ、ワットは追加の開発資金を得ることができ、産業革命もスタートしました。「なんでも模倣（もほう）し放題」では、会社も投資家も安心して新規技術や事業に投資などできないからです。

知財こそが競争優位の源泉（エッジ）！

元BCGの幹部だったマーク・ブラキシル[68]とラルフ・エッカート[69]が、独立して知財戦略専門家として書いた本が**『インビジブル・エッジ』**（2009）です。ここでは特許や商標といった**知財の力を刃（エッジ）**として表現し、それこそがこれからの競争力の源泉で

[66] 著作、文芸、学術、美術、音楽、コンピュータプログラムなど。
[67] James Watt（1736〜1819）
[68] Mark Blaxill（1958〜）　[69] Ralph Eckardt（?〜）

あると説いています。

例えば、

- **タイガー・ウッズ**が2000年に驚異的な成績[70]を残せたのは、新開発のブリヂストン製ボール（ブランドはNIKE（ナイキ））のお陰（かげ）。市場シェアトップの**タイトリストはこれに追随（ついずい）し大成功したが知財に引っかかり、ブリヂストンに1.5億ドル**を支払った（らしい）
- **ジレットの「フュージョン」は30件以上の特許**（5枚刃の間隔から取っ手との接続部の構造まで）で守られている。打ち破ることは難しく、その剃り心地・洗いやすさと圧倒的な収益力[71]を支えている
- **Facebookはその知財戦略において競合より遥かに優（すぐ）れていた。**創業後、ドメイン（facebook.com）を20万ドルで買い取り、「ニュースフィード」「ソーシャル・タイムライン」などの機能に特許を申請すると同時に、競合だったフレンドスターから4000万ドルで主要特許を買い取った

「**他がいくらよくても、知財で失敗したら儲けられないし、そもそも勝てない**」がエッカートたちの主張です。

オープン&クローズ戦略：ダイキン工業

日本は世界有数の特許大国で、年間の国際出願件数は5万件に上り、米中に次ぎます。しかし、**企業価値に占める無形資産**（特許権、商標権など知財の他、データやソフトウェア、M&Aの「のれん代」など）**の割合は3割強に過ぎず**、欧米の7〜9割、中韓の4〜6割に大きく劣ります。

「**知財をビジネスに活用できていないから**」だと、KIT虎ノ門大学院教授の加藤浩一郎は言います。知財を製品防御やライセンス料獲得くらいにしか活かせないのであれば、そこから得られるも

[70] 20戦で9勝。うち3勝はメジャー選手権のもの。
[71] 「1ドル札を刷るより儲かる」と表現される。ちなみに1ドルを刷るのにかかるコストは10セント。

のは限定的です。しかし、**他社に自社技術を公開・提供するオープン戦略と、自社の強みや技術を秘匿化するクローズ戦略**[72]**を組み合わせるオープン＆クローズ戦略による「ビジネス」**をつくり上げることで、知財の価値は何倍にも高まるのです[73]。

2009年、ダイキンは中国でのインバータエアコン拡販を狙って、**中国エアコン市場最大手の格力電器と提携**します。インバータ技術特許による独占の道も選べましたが、提携によって低コスト生産技術と販売力を獲得しつつ、環境負荷の低いインバータエアコンを普及させることを優先しました。中国政府もこれを後押しします。

インバータ技術をオープンにしつつ、その**中核はブラックボックス化（クローズ）**することで、技術流出は抑えることができました。この提携で実現した「低価格なインバータエアコン」は大成功を収めます。結果として、中国でのインバータエアコンビジネスにおける強い仲間作りができました[74]（下図左）。

この成功を起点に、ダイキンはさらに大胆なオープン＆クロー

■ダイキンの「オープン＆クローズ戦略」

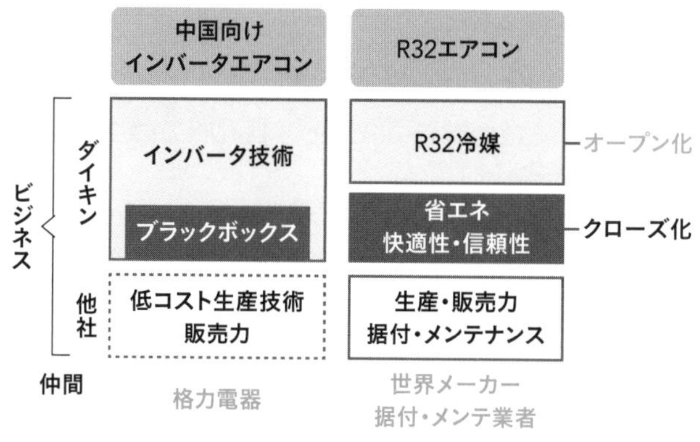

72『オープン＆クローズ戦略 日本企業再興の条件 増補改訂版』小川 紘一（2015）
73「守るべきは『製品』ではなく『ビジネス』」日経ビジネス電子版（加藤浩一郎）
74『経営戦略を成功に導く知財戦略［実践事例集］』特許庁（2020）：45〜46頁

ズ戦略を採りました。

それが**エアコン冷媒R32の特許開放**です。エアコンの冷媒による「オゾン層の破壊」や「地球温暖化」が国際的な問題となる中、ダイキンのR32は、オゾン層に影響しないだけではなく、エネルギー効率が高く回収・再生が容易で、かつ低価格という優れものでした。

これを他社に開放しなければ独占の道も選べましたが、デファクト・スタンダード[75]を他の冷媒に取られてしまうリスクがありました。そうなればR32利用の自社エアコンは、据付業者やメンテナンス業者に嫌われることになります。ダイキンだけボンベや作業が違うからです。ダイキンは2011年以降、順次R32の特許をオープン化（誰でも無償で使える）していき、**19年には先進国も含めほぼ完全にオープン**[76]**にしました。これにより、R32は爆発的に普及**します。

ダイキンは**同時に、冷媒以外の差別化（クローズ）技術である省エネや快適性・信頼性に力を入れ、ビジネスとしての優位性を維持**しました。自社開発のR32の使い方でも、他社に負けるわけがありません。

2018年末、R32使用のエアコンの販売累計は世界で6800万台に達しました。そしてそのうち4台に1台はダイキンです。ダイキンの**R32における知財のオープン＆クローズ戦略は、多くの仲間作りによる社会課題の解決と、自社販売の拡大との両立**を果たしました[77]（前頁図右）。

知財ミックス戦略：ユニ・チャーム

消費財の世界では、エアコンのような機能差がわかりやすい商品は少なく、多くがデザインやブランドイメージの差で戦っています。スマートフォンとタブレット端末において繰り広げられ

---

[75] de facto standard 事実上の標準。逆にISOなど公的認証機関による標準は、デジュール・スタンダード（de jure standard）と呼ばれる。

[76]「権利不行使の誓約」を公表したが、特許で攻めてきた相手には開放を取り消せる。

た、**Apple対サムスンの知財訴訟**（2011〜14）がまさにそれを象徴するものでした。Appleは、そのデザインや操作方法に技術特許を絡(から)めて陪審員(ばいしんいん)たちを籠絡(ろうらく)していきました。

こういった戦略を知財ミックス戦略と呼びますが、1990年頃からアジア市場への展開を進めたユニ・チャームは、商品・競合ごとに異なった知財戦略をとることで成功を収めてきました。**高機能を競い合うプレミアム商品においては、競合はP&G**などのグローバルプレイヤーです。これには特許中心で戦えます。一方、市場の多くを占めるのは**一般的商品で、ローカルメーカー**が汎用技術にちょっと改良を加えて安価に提供しています。ここでは、**特許以外の知財も上手にミックスしなくては対抗できません**。

2013年、ユニ・チャームはやさしくモレを防ぐ「ムーニー エアフィット」を投入します。「赤ちゃんが装着すると骨格に合わせてカーブ状になる新ウエスト構造」が中核の特許でしたが、それを「切りかけ構造がある」という**意匠**で二重に保護します。さらに商品名だけでなく「エアフィット」も**商標**登録することで、その特長を保護しブランド化しました[78]。

今やユニ・チャームは、アジア各国の紙おむつ・生理用品市場でトップシェアを占め、海外売上比率6割を誇るグローバル企業なのです。

知財は商品の守りだけでなく、**戦略的に開く（オープン＆クローズ戦略）ことや、商品・競合に合わせて組み合わせる（知財ミックス戦略）ことで、ビジネスを広げる刃(エッジ)となる**のです。

---

[77]『経営戦略を成功に導く知財戦略【実践事例集】』特許庁（2020）：40〜47頁
[78]『経営戦略を成功に導く知財戦略【実践事例集】』特許庁（2020）：146〜153頁

1 章のまとめ

経営戦略とは何だったのか

経営学の筆頭として経営戦略を挙げました。名前からして「経営学」の中核なのですが、でも**戦略**って何なのでしょう。それは企業（もしくは事業）が達成すべき目的や方針、特に戦場（ドメイン）を定める、そこに資源を集中させることでした。

でもだからこそ絞り込まなくてはいけません。**戦略とは捨てること**なのです。そして**戦場は、強者は自らつくり、弱者は選ぶか待つ**ことでした。自分たちが有利になるように。

経営という概念や機能が整理されたのは、最近（この百数十年）のことに過ぎません。テイラーは工場を管理し生産性と賃金を上げました。メイヨーは人間関係で人を活性化しました。そしてフェイヨルが企業全体の統治プロセスを生み出しました。「経営の役割は事業全体を統治すること。投手でも打者でも監督でもない」のです。そして世界恐慌を乗り越えた経営者バーナードがその2つを組み合わせ、**経営戦略を「組織を越えた共通の目的である」**と定義しました。1938年頃のことです。

経営戦略論の誕生と発展：ポジショニング対ケイパビリティ

その後、経営戦略論は急速に発展していきます。アンゾフが経営戦略論の原型をつくり、チャンドラーが事業部制を広めます。そして、未だに続く**ポジショニング派とケイパビリティ派の戦い**が始まります。でもミンツバーグが言うとおり、自社への正解を自動的に出してくれる**正しい経営戦略論なんてない**のです。でも

ひとつ選んで磨いていくしかありません。

経営戦略策定プロセスとその主要なステップ

1965年頃HBSのアンドルーズがSWOT分析を中核とした**経営戦略立案手法**をまとめ、広めました。

まずは**外部環境分析。PESTEL分析**で自社を取り巻くマクロな流れ、リスク・機会を整理します。そして**ポーターの5F**で業界の構造とその中長期的な収益性を評価します。でも**5F分析が示すのは「今後儲かる市場かどうか」だけ。**

次が**内部環境分析。バリューチェーン分析**で自社にとって重要な企業活動（ケイパビリティ）を理解し、それが本当に事業上の優位性につながるのか**VRIO分析**で確認します。どれだけ**その企業能力は「稀少でマネしづらい」のでしょう。**

それらを組み合わせた事業機会分析で登場するSWOTには注意が必要です。**SWOTは分析ではありません。ただの整理表**です。**TOWS分析は戦略案のアイデア出しに使えます**が、手法のひとつに過ぎません。事業機会の抽出方法はさまざまです。

事業戦略分析としては、ポーターの**戦略3類型**がよく使われます。「コストリーダーシップ戦略」「差別化戦略」「集中（ニッチ）戦略」は、儲かるポジションをとるための**究極の2つの二択なのです。コストか価値か、全体かニッチか！**

最近の経営戦略論のエッセンスを学んでおこう

最近の経営戦略論として、いくつか紹介しています。統合的な事業戦略フレームワークとして**B3C**、イノベーション戦略として**ブルー・オーシャン**と**リーン・スタートアップ**、究極のケイパビリティ戦略として**パーパス経営**と**アダプティブ戦略**、そして**知財戦略**です。あなたは何で生き残りの刃（エッジ）を当てますか。

2章

マーケティング

商品と売り方のデザイン

16.マーケティングとは
押さずとも、
売れる
仕組みが、
マーケティング。

17.R:ニーズ調査と
シーズ調査
聴いてダメ
なら、行って、
見ろ。

18.ニーズとウォンツ
DIYドリルの
本当のニーズは、
穴ではなく
格好良さ!

19.STP
セグメン
テーションは、
何で切るかが
勝負。

20.市場の細分化
モノづくりも、
細分化からは
逃げられない。

21.MM(4P)
4Pに、突っ込む
前に、まずは
バリュー。

22.バリューとは
〔使用/交換/認識〕
切り口への
不満から生まれた
「直線美」。

23.バリューとは
〔QCDS/システム〕
B2Bでは、
システムとしての
価値を狙え。

24.購買行動
プロセス
「他人にシェア
したくなる特別な
何か」をつくれ!

26.競争地位/キャズム/顧客開発
イノベーターを
つかみ、地位を
高め、キャズムを
越えよ。

25.PLC戦略
完全無欠の
PLC戦略、
「マーケティングは
死んだ」

27.デザイン思考
真のProductは、
観察と試作の
繰り返しから。

16 マーケティングとは

押さずとも、売れる仕組みが、マーケティング。

『マーケティング・マネジメント』
マーケティングの体系化
戦略的マーケティングプロセス
R・STP・MM・I・C

—

コトラーが「マーケティング」を体系化した

1960年代以降、急激に広まったのが「マーケティング」という概念です。通常は前章のような事業全体ではなく、特定の商品やサービスを対象としています。

「事業とは顧客の創造である」と看破したドラッカーが残した言葉に「**マーケティングの目的は営業（セールス）を不要にすることである**」があります。マーケティングという活動のもっとも優れた定義のひとつとして、今でも使われ続けています。

ただ**マーケティング論普及の立役者は、フィリップ・コトラー**[1]です。彼が書いた**『マーケティング・マネジメント』**は1967年に初版が発行されて以来、数年に1回の改訂を経て、既に21版超え。世界中の学習者・実務者の「聖典」となっています。

彼がまず**目指したのは「マーケティングの体系化」**でした。故にこの本に載るマーケティングコンセプトは、必ずしも彼のオリジナルではありません。しかし、それまでバラバラだったマーケティング理論が体系化され、広く普及したというのは事実であり、まぎれもなく彼の功績です。中でも**マーケティング・ミックス（MM）**は誰もが使う概念でしょう。いわゆる**4P**（製品（Product）、価格（Price）、流通・営業（Place）、広告・販促（Promotion））[2]です。

またコトラーは、アンドルーズが経営戦略策定プロセスをつくり上げたように、「**戦略的マーケティングプロセス**」をつくりました。それは「**R・STP・MM・I・C**」とも呼ばれ、Research（調査）に始まる5つのステップからなります。

I（Implementation）とC（Control）は実務的な内容なので専門書に譲（ゆず）るものとして、ここからはR、STP、そして最後にMMを見ていきましょう。

---

[1] Philip Kotler（1931〜）

[2] ジェローム・マッカーシー（1928〜2015）が『Basic Marketing』（1960）で示した。

17 R：ニーズ調査とシーズ調査

聴いてダメなら、
行って、見ろ。

ニーズ調査
「不の解消」
ビジネス・エスノグラフィ
シーズ調査

リクルート
インテュイット
ハウス食品

ニーズ調査：誰にどんな不満があるのか

何か商品やサービス（以下、まとめて商品）を新しくつくるとして、一番に知るべきことは何でしょう？ 自社品や競合品の売れ行きや収益性はもちろんですが、それらは最後の結果です。その結果をもたらす**根源は、顧客のニーズ**（95頁参照）です。ニーズの理解なくして、新しい商品などつくりようがありません。そしてそのニーズは、既存品で満たされているのでしょうか。

満たされていないニーズは**アンメット・ニーズ**と呼ばれますが、リクルートはそこに商機を見い出しました。顧客の「不満」「不安」「不足」をなくす「**不の解消**」という手法で、数々の新サービスをつくり上げたのです。

- **じゃらん**（1990）：旅行が団体旅行商品化し、**個人としての遊びが不足**→個人旅行を可能にする宿の予約サイト。方面別ではなく遊びのテーマ別編集（露天風呂、など）
- **ゼクシィ**（1993）：顧客の**要望が**結婚式場に**通りにくいという不満**→顧客と式場をダイレクトにつなぐメディア

他にもカーセンサーやHOT PEPPERなど、リクルートの「**不の探究**」は続きます。

尋ねるのではなく観察するビジネス・エスノグラフィ

こういったニーズ調査にはアンケートが多用されますが、残念ながらそこから新しいニーズが見つかることは、あまりありません。なぜならヒトの日常の行動の8割は無意識のものだからです。それに対して何が不便ですかとか、困りますかと尋ねても、曖昧な声しか返ってきません。だから聞くのではなく、**実際どうかを観察して、見つけ出そうとするのがビジネス・エスノグラフィで**[3]、**行動観察**とも呼ばれます。

アメリカの個人向け税申告ソフト「Turbo Tax」と資産管理ソ

[3] アンケートなどではわからない、深い顧客理解を可能にする。エスノグラフィは文化人類学の用語で、「異文化・コミュニティ」の中に入り込み、観察や対話によって対象を理解する手法を指す。

フト「Quicken」で圧倒的シェアを誇る**インテュイット**[4]は、パソコン創成期の1983年からこれまで数十年を生き延びた稀有な会社のひとつです。でもやっと税申告ソフトで成功したかと思うと、巨人マイクロソフトがMicrosoft Moneyで参入してきたり、オンライン型の競合が現れたりで、生き残りへの道は大変でした。

インテュイットは大胆なM&A(競合の買収など)を行うと同時に、徹底した**ビジネス・エスノグラフィ開発**を行って、中核商品を守り抜きました。

単に「顧客の要望を聞く」ことではイノベーションは生まれません。数十人のエンジニア（マーケティング担当者ではなく）が、さまざまなユーザーの家を3人組で訪問します。そしてなんと1軒につき丸2日間、ユーザーがどのような生活をしているか、ビデオにも撮って観察します。インテュイットの商品がどのような場面で、どのような姿勢で使われているのか、使っている最中に何が起こるのか、などなどを調べ尽くすのです。

この活動を始めてから、顧客満足度が大幅に上がりました。

「**イノベーションとは人の行動原理を理解し、変えること**」な

■インテュイットはなぜマイクロソフトに勝てたのか

P&G方式をソフトウェア業界に持ち込んだ

顧客ドリブンの商品開発	マーケティングの「革新」
・自宅訪問による使用状況調査 ・ユーザビリティテスト ・消費者パネル	・TV CMの利用 ・消費者へのリベートクーポン配布 ・試用版の無料配布

[4] Intuit。日本の弥生（やよい）はIntuitが2003年の日本撤退時に、日本法人の経営陣によるMBOで生まれた会社。

のです。

インテュイットは手痛い失敗を何度も経験しています。でもそこから目を背(そむ)けることなく、それを分析しレポートにしています。創業者のクック曰く「It is only a failure, if we fail to get the learning(**失敗は、そこから学ばなかったときのみ失敗となる**)」のです。

シーズ調査:どんな技術で何ができるのか

新商品や新規事業は、顧客の不満やニーズからだけ生まれるわけではありません。新たな技術や仕組みの誕生によって、これまでできなかったことができるようになることもあります。そんな新技術をシーズ(seeds:種(たね))といいますが、**スタートアップの6割はニーズ起点ではなくシーズ起点**のものだとか。

ハウス食品のR&D部門でも、ただ事業側からのアイデアを実現するだけでなく、部門独自の研究・開発活動も行っています。各種スパイスなどに関する基礎研究もそうですが、新しい食品技術をベースにした製品アイデアを提案する機能も担っているのです。「こんな食感(しょっかん)の食材ができたけれどどうだろう」とか、「調味料をペースト状にする技術ができたけれどどう使おうか」とか。それを試作し事業側にぶつけて商品化していく、シーズ起点の商品開発からもヒット作が生まれています。

また、**知的財産の調査から事業機会を探る手法が「IPランドスケープ」**です。自社が持つ特許情報を視覚化することで自社のコア・テクノロジーが明確になり、その組み合わせからどんな事業が生まれているのかが見て取れます。それを競合と比べることで、次の戦略領域を事業と技術の両面から検討することが可能になるでしょう。

18 ニーズとウォンツ

DIYドリルの本当のニーズは、穴ではなく格好良さ!

ターゲット
ニーズ / ウォンツ
マズローの欲求階層説
承認欲求

ヤンマー

ヒトの根源ニーズをレベル分けしたマズローの欲求階層説

ヒトのニーズは細かいものから大きなものまでいろいろですが、**アブラハム・マズロー**[5]は、**自己実現理論に沿った「欲求階層説」**を唱えました。ヒトにはもっとも優先される衣食住（いしょくじゅう）・安全などの（動物にもあるような）基本欲求とともに、より高次のレベルの欲求があり、それらは従来の心理学が避けてきた極めて「人間的」な欲求だったため、彼が初めて分類・定義したのです。『人間性の心理学』（1943）で彼は、それらはただ階段状にあるのではなく、ヒトはそれらを同時に持つと述べました。

つまり、ヒトは①生理的欲求、②安全欲求、を優先しつつも、③愛・所属の欲求、④自尊（承認）の欲求、そして、⑤自己実現の欲求、を同時に求めていて、個々人の満足度合いは、①85%、②70%、③50%、④40%、⑤10%、程度ではないか、個々人の状況によってその割合が違うだけだ、と。

■マズローの欲求階層説

	満足度合い
自己実現欲求 社会に貢献したい、創造性を発揮したいなどの欲	10%
自尊(承認)欲求 成功、評価、地位などへの欲	40%
愛・所属の欲求 友情、家族愛、親密な関係などへの欲	50%
安全欲求 家族や健康の安全、安心、資産、雇用の確保などへの欲	70%
生理的欲求 食料、水、睡眠、排泄、性交などへの欲	85%

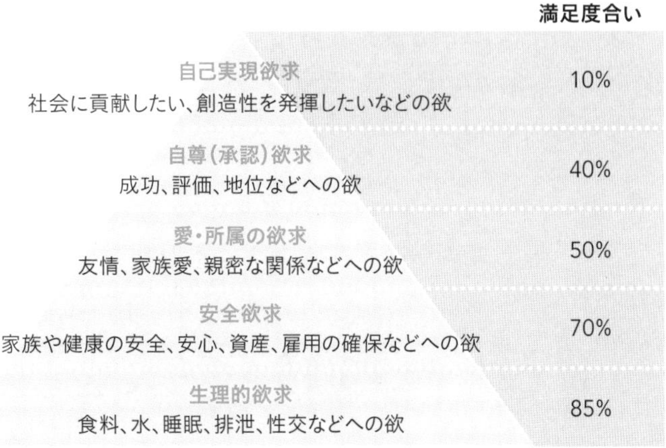

出所:『人間性の心理学』(1943)

[5] Abraham Maslow (1908～1970)

これら根源的なニーズに応えることは、非常に強力なバリューを生み出すことになります。

真のニーズはドリルでも穴でもなく格好良さ！

普通の事業や商品でも、マズローの視点は役立ちます。たとえば工具であるドリルを売ろうと思えば、使い手・買い手にとってより良いドリルとはどういうものなのか、そのニーズを考えるでしょう。そして、より簡単にきれいな穴が空けられる性能を追求していきます。硬くて切れ味鋭いドリルの刃、高トルクで静かなモーター、コードレスのための高容量充電池、云々（うんぬん）。

でもドリルを買う人が本当に欲しかったものは何でしょう？それは**ドリルではなく穴そのもの**だ、とよく言われます。欲しかったのは穴。ドリルはその手段に過ぎないので、別にドリルでも穴開けサービスでもよかったのです。

こういうとき、ドリルのような**個別ニーズ（手段）を「ウォンツ」、一段階上の欲求（目的）を「ニーズ」**と呼び分けたりします。でも、ものごとはそんなに単純ではありません。

アメリカではDIY[6]**が非常に盛ん**（20兆円産業）ですが、その**主役は**各家庭の**父親たち**です。彼らは「子どもと一緒にやれて自慢できる作業」を欲していて、それが家や車を修理し、改造するこ

■ニーズとウォンツ：ドリル

---

6 Do It Yourselfの略語。

となのです。そのためにあらゆる道具を揃え、腕を発揮するときに備えています。当然、子どもたちはお手伝いです。

そういった父親たちが、ドリルでなく穴を求めるでしょうか？絶対に、ノーです。穴開けサービスで子どもたちからの称賛なんて得られません。**格好良い道具をサラッと使いこなして子どもからの尊敬を得ることがDIYに取り組む目的**なのですから、そんなサービスは無価値です。それより、彼らが使う道具のデザインや格好良さの方がずっと大切です。

農機具メーカーである**ヤンマー**は2015年、トラクター「**YTシリーズ**」をヒットさせました。特長はなんといってもそのデザインです。フェラーリをイメージさせる**真紅のボディカラーにエッジの効いた外観**は、デザイナー奥山清行が担当しました。

日本国内の**農業従事者の平均年齢は67歳**。その人たちが嬉しいこと、それは自動化など根本的な省力化を除けば、実はデザインだったのです。トラクターで作業する姿を、**孫に「かっこいい！」と言われる**ことが、多少の低価格や性能アップよりよほど大切でした。

穴開けや田おこしの成功よりも、**子や孫からの承認欲求**。ターゲットの真のニーズの把握こそがヒット商品につながります。

19 STP：セグメンテーション・ターゲティング・ポジショニング

セグメンテーションは
細かくするより、
何で切るかが
勝負。

STP
市場細分化
ターゲット設定
ポジション設定

キリン 生茶
サントリー 伊右衛門
伊藤園 お～いお茶

誰のどんなニーズを攻めるのか：セグメンテーションとターゲティング

マーケティング論でもっとも知られている基礎概念は**4P(=MM：マーケティング・ミックス)** です。でもこのマーケティングの諸活動**4Pの「目的」は何なのでしょう？** 何を実現するために、商品や価格を決めるのでしょう。**それを定めるのがSTP**なのです。

「**Segmentation 市場細分化**」「**Targeting ターゲット設定**」「**Positioning ポジション設定**」**の3ステップで、誰に対してどんな価値を提供すべきなのかを定めます。**4Pはそれらを実現する手段に過ぎません。

だから、「**STPが先、4P(MM) は後**」なのです。

最初のセグメンテーションでもっともよく使われる軸は、顧客の年齢と性別です。顧客の年齢と性別を知るだけで、そのヒトの大体のライフステージや、そのヒトが生まれてから今までの社会環境などがわかるからです。そこに調査からわかったニーズを組み合わせたりしてセグメント分けをします。いくつかの軸を組み合わせるだけで、市場は数十に細分化されるでしょう。

ではそのどこを狙いましょうか。それがターゲティングです。

■セグメンテーションとターゲティング

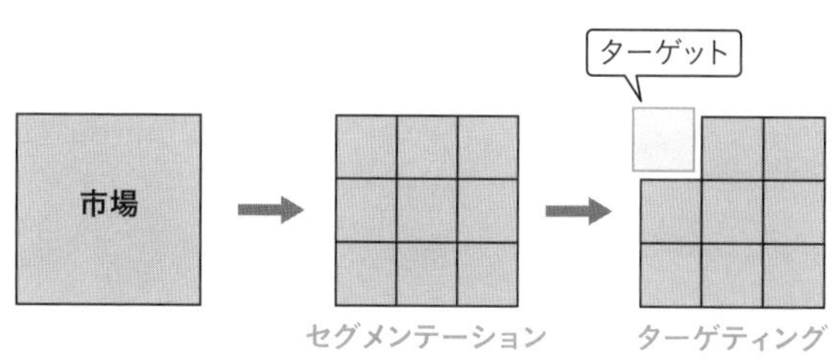

緑茶飲料市場において、その一角を狙ってシェアを伸ばしたのが**キリン「生茶」**(2000) でした。ターゲットを性別では女性、味では(苦みではなく)甘み・旨みに絞って成功しました。そして**サントリー「伊右衛門」**(2004) は、ターゲットを当初、性別・年齢では若い男性に、イメージは「より上質」に振って成功しました。そのために老舗ブランドを手に入れ、無菌充填ライン[7]を採用しました。

競合とどう差別化するのか:ポジショニング

一方、緑茶飲料トップシェアの**伊藤園「お〜いお茶」**は、全セグメントが対象です。1988年の発売[8]以来、老若男女に知られ、よく売れており、どこかに絞り込む必要がありません。つまり「生茶」も「伊右衛門」も、「お〜いお茶」という**全方位型のトップブランドに対してどう差別化するか**、ということでポジショニングされたものだったのです。

「誰に」「どんな価値を提供する」のか、そしてそれらを**競合に対してどう差別化するのかを明確にするのがこのポジショニング**です。

■ **緑茶飲料のポジショニングマップ**

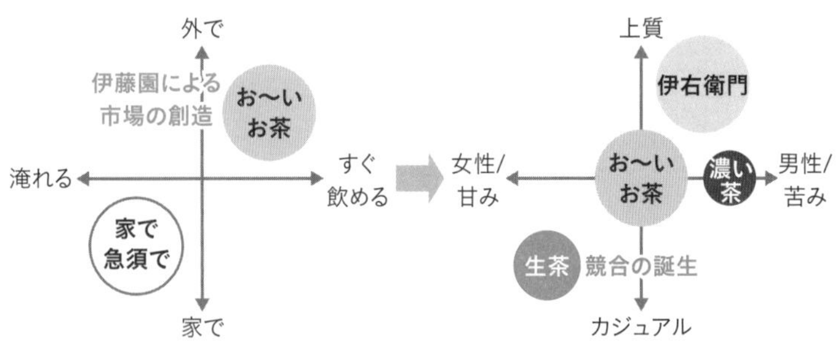

7 アセプティックライン。工場全体が無菌状態に保たれているため、飲料を容器に充填した後の高温殺菌が不要。故に美味しさが保たれる。
8 当初は「煎茶」という商品名だったが、88年に「お〜いお茶」に。

無闇にセグメンテーション、ターゲティングしてもダメ

市場調査や顧客調査をやればやるほどいろいろな情報やニーズが見えてきて、**どんどん市場を細分化したくなります。**

細分化のための軸は消費財（B2C）と生産財（B2B）で異なりますが、消費財ではデモグラフィックな軸がよく使われます。その人の性別、年齢、居住地域、所得、職業、学歴、家族構成などです。生産財では企業業種、規模（売上や従業員数）、購買タイプなどが多いでしょう。

それらの軸を組み合わせたり刻み幅を小さくしたりすることで、**セグメンテーションでは対象をいくらでも細かく分けられます。**10歳刻みでなく5歳刻みにすれば2倍に、都道府県別（47）でなく市町村区別（1741）にすれば37倍にセグメントは増やせます。**より細かいニーズにフィットできる**でしょう。

でもセグメントの数を増やせばそれだけ、セグメントひとつあたりの大きさ（該当する人数や企業数）は少なくなって、そこから上がる売上は減り、対応するためのコストは上がります。よほど価格を高くしないと割に合いません。かといってセグメントを大きくし過ぎると雑多な人や企業が交じってしまい、誰にもフィットしない商品を提供する羽目に陥ります。**セグメンテーションには、丁度いいセグメントサイズがある**[9]のです。

ターゲットを絞るときはそのセグメントサイズをちゃんと調べましょう。そして**ポジショニングするときは**、そのターゲットがどれくらい競合から離れているのか重なっているのか、重なりで**どれくらい競合から奪えるのか**、を分析しましょう。それがそのまま売上見込みにつながります。

[9] BCGはこれを戦略的セグメンテーションと呼んだ。

20 市場の細分化〔マス・分衆・個〕

モノづくりも、細分化からは逃げられない。

マス生産/マス消費
分衆
ワン・トゥ・ワン
メイカーズ / 第3次産業革命

フォード
GM
博報堂

フォードの成功。昔、ターゲットは単純だった

産業革命が進み20世紀に入ってもなお、ビジネスはそれほど複雑ではなく単純でした。狙うべき顧客は1種類、提供すべき価値も基本的なものだけ。市場に対する**マス[10]生産、マスマーケティングの時代**です。その象徴が**T型フォード**（1910）でした。

フォードがターゲットとしたのは、当時、大量に生まれつつあった「**豊かな大衆**」たちでした。当時アメリカの人口は50年前の3倍、1億人近くに膨れあがっていました。フォードのような工場で働きながら、自らも車を所有し、郊外の一軒家から通勤する中産階級が大量に生まれつつあったのです。

その者たちが求める**バリューは「丈夫で安価」**なことと見定めて、フォードは分業や流れ作業方式といったケイパビリティを構築し、自動車の生産コストを従来の数分の1に下げることに成功します。

GMのスローンはターゲットを5つに分けて大逆転

一方、**GMのアルフレッド・スローン[11]らは「豊かな大衆はもはやひとつではない」と看破し、5つの異なるブランドを顧客に提供**するに至りました。若者には安くてスタイリッシュなシボレー[12]を、年配の富裕層には重厚で高価格のキャデラックを提供したのです。

趣味嗜好の違う5種類の顧客に異なった商品・サービスを的確に届けるために、**GMの組織は、本社とブランド別5事業部の6つに分けられました。**

事業部は各々商品開発・生産から販売までの機能を持ち、収支に責任を持ちさえすればあとは自由です。のびのびやれます。でもそれだけだとどんな失敗があるかわからないので、**本社はお金（会計）と市場・顧客情報を握る**ことにしました。

---

[10] mass。形容詞では「大規模な」「大衆の」「全体の」。20世紀のマスメディア（TV・ラジオ・新聞など）は、まさに大衆全体に対する大規模な情報伝達手段であった。

[11] Alfred Sloan Jr.（1875～1966）

お金の流れや収支を把握しておけば、大抵の不正の芽は摘めます。顧客満足度をきちんと把握しておけば、商品やサービスの価値が下がっていないかチェックできます。組織論でいうところの**「事業部制」の完成**です。

この特殊な組織運営ケイパビリティによって、**GMはバラバラに分化(ぶんか)し始めたアメリカ国民を取り込むことに成功**し、暗黒の1930年代[13]を乗り切りました。それはマス（大衆）にこだわりT型フォードをつくり続けたフォードの凋落(ちょうらく)を意味します。

1980年代以降、顧客は分かれ個別となった

新聞やラジオ・テレビといったマス広告の隆盛(りゅうせい)もあり、結局多くの企業は、1970年代までマスをターゲットとしたマス経営に勤(いそ)しみました。その後、特定セグメントをターゲットとするようになったのが70〜80年代。**85年には博報堂(はくほうどう)が「日本の消費者はもはやマスではなく『分衆』と化した**」[14]と評しました。日本メーカーも多品種少量生産に取り組みますが、その実現は簡単ではありませんでした。

しかし**90年代に入り、セグメント細分化の究極の概念が誕生します。それが「ワン・トゥ・ワン（1to1）」**でした。『One to Oneマーケティング』（1995）でドン・ペパーズ[15]らは、顧客ひとりひとりを異なった存在として捉え、対応せよと訴えました。それが必要であり、かつ可能なのだと。

リアルにターゲットが数万に分かれるメイカーズの世界

売り方はワン・トゥ・ワンでやれても、リアルな商品自体を顧客ごとに変える（カスタマイゼーション：Customization）ことは非常に難しい作業でした。しかしそれもまた変わろうとしています。

インターネット時代の売れ方、儲かり方を示した『ロングテー

---

[12] GMの5ブランドのうちのひとつ。若者をターゲットにしていた。

[13] 1929年10月の米株価の暴落に始まる大不況は、世界を巻き込む世界恐慌となり、アメリカはその復活に10年以上を要した。

ル』『フリー』の著者**クリス・アンダーソン**[16]は既に、ネットからモノづくりの世界にその戦場を移しています。2012年11月にWIRED(ワイアード)編集長を辞し、09年に自ら設立していたドローン製作会社3Dロボティクスの経営に専念したのです。

『**MAKERS**(メイカーズ)』(2012)で彼は「**次の変革の舞台は製造業**」と主張します。

3Dプリンターなどの「4種の神器[17]**」があれば、大抵のモノの開発はあっという間に試作まで**進めます。試作品があれば、改良もスムーズに進み、クラウドファンディング（236頁参照）で資金を集めるのも容易でしょう。そういった機器が揃った「ファブ(FAB)」が、世界中で既に何千ヶ所と立ち上げられています。アンダーソンは言います。「**製造個数1万くらいのニッチ市場が無数に生まれる**」「**これこそが第3次産業革命なのだ！**」と。

ケイパビリティの革新が、リアルなモノづくりのターゲットのあり方を変えたのです。

■MAKERSの世界：誰でもモノづくりができる時代

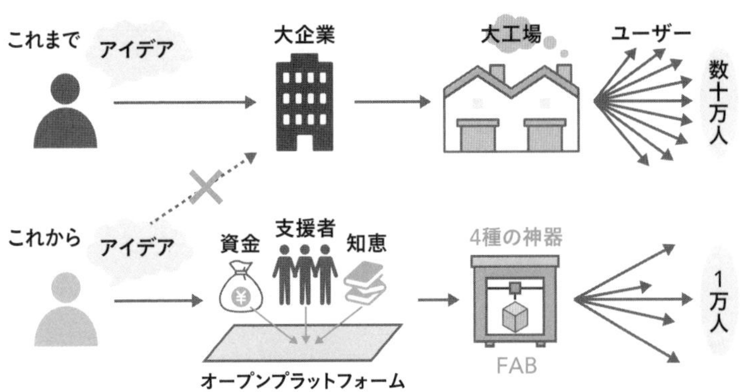

出所：清水淳子(WIRED CONFERENCE 2012)を一部改変

---

14 『「分衆」の誕生』博報堂生活総合研究所（1985）
15 Don Peppers (1950〜)　16 Chris Anderson (1961〜)
17 「3Dプリンター」「レーザーカッター」「CNC装置」「3Dスキャナー」の4つ。

COLUMN 3 任天堂は「場」ビジネスの創造者

「場」を荒らす輩を排除せよ。

ファミコンはクソゲー排除で成功した。

デジタル・プラットフォーマー	FAANG / Uber
場（プラットフォーム）サービス	任天堂 ファミコン

「場」をつくったデジタル・プラットフォーマーの時代

21世紀は**デジタル・プラットフォーマー**の時代だといわれます。ITを用いて第三者に**「場（プラットフォーム）」サービス**を提供する者と定義されますが、FAANG（Facebook、Amazon、Apple、Netflix（ネットフリックス）[18]、Google）やUber（ウーバー）ら大手だけでなく、数万のプレイヤーがその成長を競っています。

では場ビジネスとは一体何なのでしょう。場と名の付くものをみてみると、豊洲（築地）市場、金融市場、中古市場と○○市場も多いですが、劇場、展示場、競技場、賭博（とばく）場……。そこには必ず**場の運営者の他に、演者と観客、出品者と落札者、出店者と見学者がいます。**

多くの関係者を一堂に集め、なんらかの取引のインフラを提供するのが場ビジネスだといえるでしょう。それを運営するプラットフォーマーは、出店料や入場料、出品手数料や成約手数料などで稼いでいます。

消費者向けの場ビジネスの先駆的事例として、**任天堂のファミコン**[19]をみてみましょう。

任天堂がつくった世界一のプラットフォーム

多種多様なソフトで遊べる家庭用ゲーム機として最初に成功したのは、米**アタリのVCS**＜Atari2600＞」（1977）でした。しかしハードで儲けることだけで、ソフトをコントロールしなかったために、**市場は低品質ソフトであふれ**、83年**「アタリショック」**と呼ばれる市場崩壊が起きました。

その同じ年の7月、**任天堂**は**ファミコン**を発売します。浮沈（ふちん）の激しかった業務用ゲーム事業から手を引き、ゲーム&ウオッチで稼いだお金をつぎ込んでの大勝負でした。社長の山内溥（ひろし）（1927～2013）がアタリショックから学んだのは**「つまらないソフトを野**

---

[18] アメリカでのオンライン動画配信最大手。1997年創業。もともとはネットによるDVDレンタルサービス。

[19] 正式名は「ファミリーコンピュータ」。

放しにしない」ということでした。ゲーム機というハードだけでなく、ゲームソフトそのものの品質を高く保ち続けることを第一に考えました。そのためにファミコンでは、

- **ゲーム機自体**は、普及のために赤字でも**安く売る**[20]
- ゲーム機が普及するまで**自社開発のソフトで牽引**する。業務用の「ドンキーコング」「マリオブラザーズ」[21]などを移植
- **ゲームソフトの定価**自体は5800円と**高め**にし、そこからの**ロイヤリティなどで収入**をあげる
- **他社ソフトは、ライセンス制で事前審査**あり。当初はハドソン、ナムコ、カプコン、タイトーなど大手のみ

ファミコンは発売半年後から急激に売上を伸ばし、ソフトも「スーパーマリオブラザーズ」(1985、任天堂、681万本)、「プロ野球ファミリースタジアム」(1986、ナムコ、205万本)、「ドラゴンクエスト」(同、エニックス、150万本)と大ヒットが続き、任天堂の売上高は89年、2900億円に達します。

ファミコンは結局、世界で累計6300万台(海外比率7割)が販売されるメガヒットとなり、その成功は次世代16ビット[22]機の

■任天堂ファミコンのビジネスモデル

ターゲット (顧客)	・小学生男子	・大手ソフトメーカー
バリュー (提供価値)	・安価なゲーム機(場) ・高価だが面白いゲーム	・ゲーム機の普及(場) ・ゲーム1本の粗利
ケイパビリティ (オペレーション/リソース)	・自社ソフト開発力(スーパーマリオなど) ・他社ソフトの事前審査能力/ROMカートリッジ生産能力	
収益モデル (プロフィット)	・ゲーム機本体は赤字だがゲームソフトのロイヤリティ等で儲ける「替え刃モデル」	

[20] 当時の発売価格は14800円。ほぼ任天堂の製造原価レベル。
[21] プロデューサー横井軍平、デザイナー宮本茂。宮本はその後、多くの作品を生み出し任天堂を支えた。

スーパーファミコン（1990）に引き継がれました。

場を守り育てるために任天堂がやったこと

任天堂がファミコンでつくり上げたのは、家庭用ゲーム市場において極めて画期的な**ビジネスモデル**でした。

アタリは外部のソフトメーカーを、「ゲームソフトをつくる他者」として位置付けただけでしたが、任天堂はもっと密接な関係としました。なぜなら**ユーザーはゲーム機でなく、そこで遊べるゲームソフトを買う**からです。それも有象無象の低品質ソフトではなく、高品質なソフトや著名な人気ソフトを。であれば**場ビジネスとしてのターゲット**は、小学生男子を中心としたユーザーとともに**大手ソフトメーカー**だということになります。

標準となる規格だけつくって自らは儲けられなかったIBM PCやアタリVCSとは異なり、**任天堂は低品質ソフト**[23]**を排除する**ことなどで、自社とその関係者が安心して投資し利益を享受できる「**共生システム**」としてのプラットフォームをファミコンでつくり上げました。（左図）

その優位性は絶大で、その後のスーパーファミコンも含めて11年もの間、セガやバンダイといった競合を退け続けました。そう、94年のSONYのプレイステーション（PS）登場まで。

---

[22] CPUが一度に処理する情報量。2進法での1桁が1ビット（bit）。ファミコンは8ビット機だが、PSは16ビット機。

[23] タレントのみうらじゅんはこれを「クソゲー」と名付けた。

21 MM（4P）：マーケティング・ミックス

4Pに、
突っ込む前に、
まずはバリュー。

MM（マーケティング・ミックス
4P（Product Price Place
Promotion）
「広告ばかりにお金を使うな」

—

4Pの真の姿

一般に、マーケティング論でもっとも知られている概念は4Pでしょう。ジェローム・マッカーシー[24]が『ベーシック・マーケティング』(1960)で提唱した概念で、マーケティング現場の諸活動を、「**Product** 製品」「**Price** 価格」「**Place** 流通・営業」「**Promotion** 広告・販促」の「P」4つで(ムリヤリ)揃えました。

彼がこの4Pで言いたかったことは「**広告(Promotion)ばかりにお金を使うな**」「**ちゃんと4Pをバランスよくミックスさせよ**」でした。なので**マーケティング・ミックス(MM)**と呼ばれるのです。

でもこれら4Pは実は同列ではありません。この前のステップのSTPで「誰に(Target)」「どんな価値(Value)を提供するか」が決まるわけですが、**Price**はそのバリューの一部(低価格とか：次節参照)です。そして**Product**はSTPを実現するための具体的な解決策そのものです。一方**Place**や**Promotion**は**そのProductをターゲットに届けるための手段**に過ぎません。

なのでまずは「バリューとは何か」から見直しましょう。

■4Pの本当の位置づけ

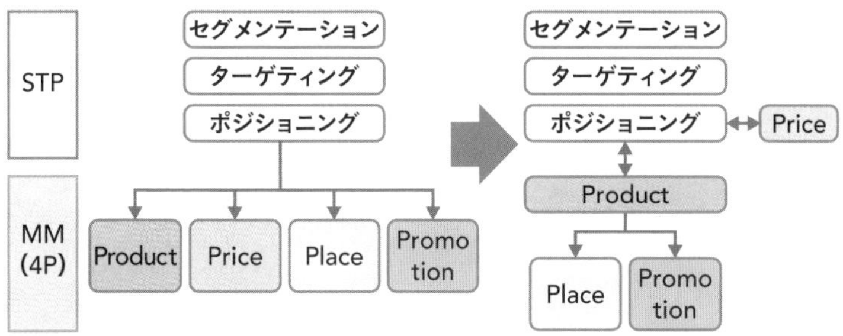

24 E.Jerome McCarthy (1928~2015)

22 バリューとは①〔使用/交換/認識〕

不満を価値に変えろ!
切り口への不満から生まれた「直線美」。

使用価値（中核/実体/付随）
交換価値（価格）
認識価値

ニチバン 直線美

使用価値とはその商品の効用である

商品のバリューにはそれを**使ったときどれくらい嬉しい**のか（＝効用[25]）という**使用価値**と、それを**手に入れるためにいくらかかる**のか（＝価格）という**交換価値**の２種類があります。たまたま買ってもらえたとしても、「**使用価値＞交換価値**」**でないと満足度**が低くなってリピートしてもらえません。使用価値が競合より劣っていれば、それもアウトです。

使用価値には3層の構造[26]があり、より重要な方から中核・実体・付随と呼ばれます。

- **中核価値**（ちゅうかく）（それがないと買わない）：基本機能
- **実体価値**（じったい）（それがあるものを買いたい）：品質、ブランド、デザイン、特殊機能
- **付随機能**（ふずい）（あるとちょっと嬉しい）：保証、配送、アフターサービス、信用力など

例えばテープカッターでいえば、その中核価値はもちろん「テープを保持すること」と「テープを切ること」でしょう。

中核価値の変革は商品そのものを根本的に変える（＝イノベー

■ 使用価値の３層構造：テープカッター

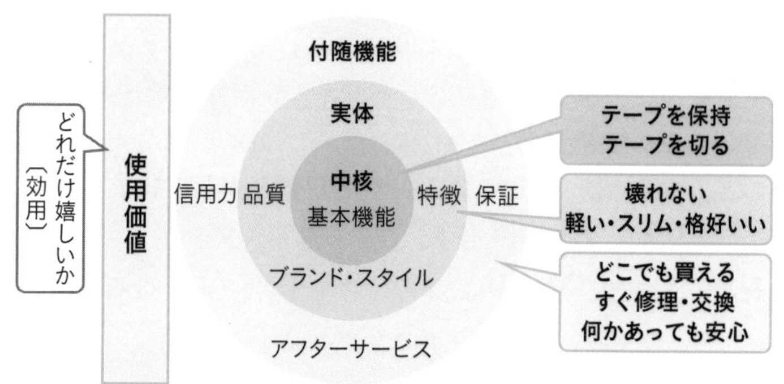

---

[25] utility。他に便益（benefit）と表現することも。

[26]『マーケティング・マネジメント』（1967年）でコトラーが、製品価値の概念としてThree Product Levelsを提唱。

ション）**ことになるので簡単ではありません。**付随機能はよほどのことでなければ買い手にインパクトを与えません。競合品より使用価値を高めるための**主戦場は実体価値**の部分です。

みな、**より良い品質、ブランド、デザイン、特殊機能**を加える「実体価値の向上」で、差別化を図り売上や利益を伸ばそうと頑張ります。

ニチバンが「直線美」で挑んだバリューの変革

「セロテープ」で知られるニチバン[27]は、2010年テープカッター「直線美」を発売し1年で3万台、5年半で累計60万台以上を売り上げました。価格は少し高めでしたが、直線を基調としたデザインが洒落ています。でも**何より「テープの切り口がギザギザでなく真っ直ぐであること」をウリにした商品**です。

ユーザー調査でも約4割が「テープの**切り口がギザギザ**なのがイヤ」と答えました。**見た目が気に入らない、ホコリがつきやすい、剥がすときにテープが縦に裂ける、など多くの不満**が寄せられました。ニチバン技術陣が30種類もの試作品の末に、真っ直ぐに切れる刃を完成させました。真っ直ぐに切れ、しかも指が触れても怪我しません。その**特殊な刃の形状は、もちろん特許で守られて**います。

「直線美」は万人向けではありません。**ターゲット**は「テープがギザギザなのがイヤな」「こだわり派の業務ユーザー」です。

そしてその**使用価値（実体）**は「テープが真っ直ぐ美しく切れること」。まさに「直線美」という名が体を表しています。そしてだからこそ、**交換価値（価格）**は少し高めです。

ニッチな市場で競合はおらず、独自のポジションを築きました。

---

[27] 絆創膏（ばんそうこう）をつくっていたニチバンは戦後GHQの要請でセロハン粘着テープを製造した。「セロテープ」はニチバンの商標で一般名はセロハンテープ。

認識価値を広告などによって高め過ぎないこと

バリューにはもうひとつ、**認識価値**[28]という概念があります。その商品やサービスにどんなに高い使用価値があっても、それが相手にあらかじめ認識してもらえないのでは、買ってもらえません。だから、本当のところは実際に使わないとわからないものでも、企業は広告や販促（Promotion）などで相手にその価値を認識してもらおうと努めます。（125頁参照）

ただ**ビジネスでは、認識価値が高過ぎても低過ぎても失敗します。**認識価値が交換価値より低いともちろん買ってもらえなくてアウト。でも広告が当たり過ぎて認識価値が高過ぎたり、変な方向での期待値が上がったりすると、使用価値がそれに付いていけず、満足度が大きく下がります。**人の満足・不満足は実際の価値が事前の期待を超えたかどうかで決まる**ので、認識価値を無闇（むやみ）に高め過ぎてはいけないのです。

■ 交換価値＜認識価値＜使用価値

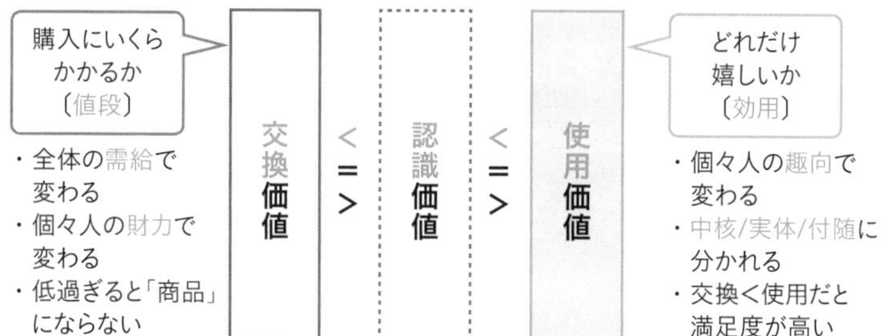

---

[28] perceived value：感覚を通じて相手が認識した価値。

COLUMN 4

AppleはiPodで実体価値の革新に挑んだ

もっとも Apple らしい商品、iPod。

「過去の破壊と再発明」
大きな既存市場
感性品質

Apple iPod

ジョブズの「新製品」はある意味すべて「後追い」だった

2011年10月5日、巨星墜つ。文字通り一代で世界最大級のビジネスを創造した**スティーブ・ジョブズ**[29]が、現役会長のままこの世を去りました。その最期は、長年患った膵臓ガンからくる心停止。自宅での眠るような死であったといいます。

その日、彼がつくり[30]、追われ、戻り、再興して、爆発的成長へと導いたAppleの時価総額は3500億ドル。ジョブズの突然の訃報にもかかわらず、株価は378ドルと前日からほとんど動きませんでした。

Appleの巨大な売上と利益は、いくつかの製品ラインからなりますが、ほとんどはジョブズのもとで21世紀中に生まれました。2011年10〜12月期で見ると、**売上の82%が2001年以降の新商品から**上がっています。

たった3ヶ月でiPhoneが3704万台、iPadが1543万台、iPodが1540万台売れました。売上の4%を占めるiTunesには音楽だ

■Appleの売上構成（2011）

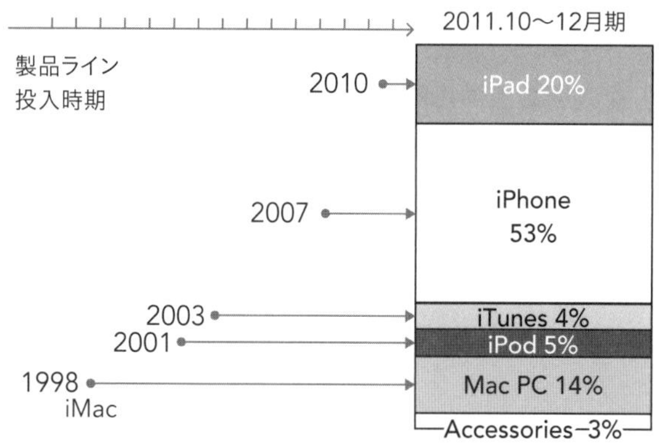

[29] Steve Jobs（1955〜2011）。21歳でAppleを立ち上げ、56歳で没した。
[30] 共同創業者はスティーブ・ウォズニアックとロナルド・ウェイン。ウェインはApple Iの販売不振ですぐ退社し、10%の株を手放した。

けでなくあらゆるコンテンツが載り、世界中のユーザーとクリエイターをつなぎました。

これらをもって、ジョブズを独創的と呼ぶ人もいるでしょう。まったく新しい世界をつくった、と。でも、これらの製品そのものは、決して新規性の高いものではありません。**全部、昔からあった**ものです。

タブレット型PCの先駆は1991年のPenPoint（ペンポイント）(GO（ジーオー）)ですし、スマートフォンは96年のNokia（ノキア） 9000 Communicator（コミュニケーター）(ノキア)が最初で、99年のBlack Berry（ブラックベリー）(RIM)で火が付きました。デジタルオーディオプレイヤーに至っては、SONYをはじめとした国内外のメーカーが乱戦を繰り広げた後に、最後発としての参入でした。iTunesだって同じです。ネットを通じての音楽配信は、その数年前からSONYなどさまざまな企業が試行錯誤を続けていました。

事業戦略的に見たときに、**ジョブズのやったことは、独創的アイデアの創出ではなく、過去の破壊と再発明（reinvention）**でした。でもなぜ、彼はその再発明に成功したのでしょうか。

大きな既存市場を狙い圧倒的な感性品質で勝利した

ある意味で、AppleのiPod以降の成功の構図はとても単純です。**大きな既存の成熟市場をターゲットにし、高いデザイン性と感性品質（バリュー）で敵を圧倒**してそのシェアを奪ったのです。

2001年末に世に出た**iPodこそが、Appleの転換点**となりました。iPhoneは電話付きのiPod touchそのものであり、iPadは大型のiPod touchに過ぎません。

ジョブズはこの海のものとも山のものともつかないiPodプロジェクトの陣頭指揮（じんとうしき）を執（と）り、叫び続けました。「これまででもっともAppleらしいものを開発せよ！」と。初代iPodの象徴であり、nanoやclassicに残る「タッチホイール」も、一緒にかかわった副社長自身のアイデアでした。まさに全社一丸となったプロジェクトでした。できた初代iPodは、デザインも操作性も、確かにこれまでのデジタルオーディオプレイヤーと一線を画す斬新なものでした。

ポータブルオーディオプレイヤーの**実体価値はそれまで、音質と携帯性**でした。それがウォークマン以来の伝統です。SONYはそれを突き詰めていきました。より小さく、より軽く、高音質にと。しかしAppleは違いました。そんなことより、**多少大きくなろうと自分の音楽ライブラリを全部持ち歩ける**[31]**利便性を選び、多少価格が高くなろうと圧倒的なデザイン性と感性品質で勝負する**と定め、それを実現することで生き残りました。

その真の成功はしかし、2003年にジョブズが**iTunesをMacだけでなくWindows PCユーザーにも開放**したときに訪れました。**ターゲットが大きく拡がった**ことで販売数が伸び、それが翻ってMacの拡販にもつながったからです。

■ 初代iPod（2001〜）

ジョブズ曰く「もっともAppleらしい商品」。携帯型デジタルオーディオプレイヤーとしては最後発だったが、そのコンセプト（ライブラリを丸ごと持ち運ぶ）と高い感性品質や使いやすいUI[32]で人気を集めた。
社内に音楽系のノウハウがなく、開発はかなり外部に頼ったものだった。

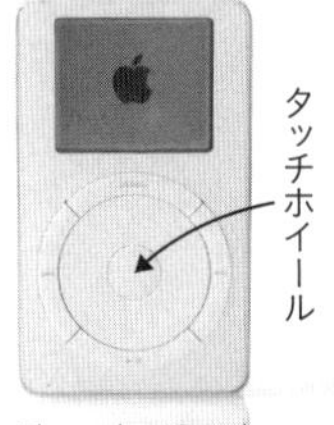

Photo by iStock

[31] 記憶媒体にフラッシュメモリーでなく小型HDDを使った。その先駆はRemote Solutions社のThe Personal Jukebox（1999年、容量4.8GB）。

[32] User Interface。タッチホイールの採用もそのひとつ。

23 バリューとは②〔QCDS/システム〕

B2Bでは、システムとしての価値を狙え。

QCDS
単体よりシステム価値
コンサルティング営業

アスクル
キーエンス

B2Bでの価値はQCDS

ビジネスの現場で何かを購入するときに、なんとなく、はありません。機能にせよ価格にせよ、その商品・サービスを選んだ明確な理由があります。

まずは求める要件（スペック）を満たすかどうかです。タイヤなら、サイズ（外径・リム径・総幅）や最高速度、負荷能力だけでなく、制動（せいどう）性能や静粛（せいしゅく）度、耐摩耗（たいまもう）性、操舵（そうだ）性など多くの項目と要求レベルがあり、どれひとつ欠けても採用はされません。その上でさらに、QCDS（キューシーディーエス）が求められます。

- **Q**（Quality）：**品質。**スペックを満たさない不良品がどれくらい少ないか
- **C**（Cost）：**コスト。**その商品がどれだけ安いか
- **D**（Delivery）：**納期や入手性。**いつまでに納入できるか、どこでも入手可能か
- **S**（Service）：**サービス。**問い合わせ対応やサポート

この中でもっともニーズとして強いのはコストです。高い品質やサービスも、短い納期ももう当たり前なのです。そこではほとんど差が付きません。

■B2Bでの価値構造：QCDS

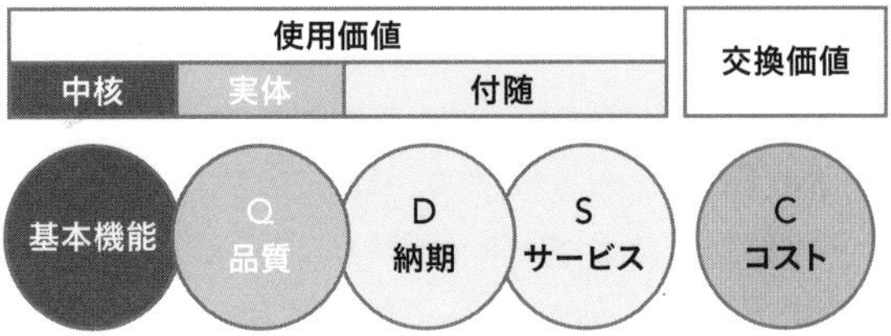

使用価値				交換価値
中核	実体	付随		
基本機能	Q 品質	D 納期	S サービス	C コスト

B2Bでは単体の価値よりシステムとしての価値を考える

企業相手のB2Bビジネスでは、提供する商品やサービスが、それ単体として使われることはほとんどなく、**何らかのシステムの一部として用いられます**。製造工程における部品だったり、顧客管理システムにおける顔認証アプリだったり。

当然、顧客企業としては、QCDSにおいても「その部品やアプリを採用したときに、自社システム全体のQCDSはどう変わるのか」を考えます。

例えば不良品率を100万個に2個から1個に半減しても、顧客にとってさしたるインパクトはありませんが、**もし、ゼロにできたら？ 顧客はその部品の検品や品質チェック作業自体をなくすことができます**。部品の価格はそのままでも、大きなコストダウンにつながるのです。

納期も極端に短くすれば、顧客はその部品について細かく管理する必要がなくなります。

オフィス用品販売の**アスクル**の顧客はもともと中小事業所です。それまで、すぐに少量のオフィス用品を届けてくれるプレイヤーはいませんでした。ボールペンだってコピー用紙だって、事業遂行（すいこう）に必須ではありませんが、なくなれば困ります。だから残数の管理が必要でした。

でも、**明日来る**（**あすくる**）（主要都市圏[33]では当日配送）**なら管理なしでもいいでしょう。**

なぜキーエンスは強いのか

もっとインパクトがあるのはサービスです。顧客自身が行っていた作業を代行することが大きな価値につながります。**コンサルティング営業**という言葉がB2Bではよく使われますが、これは「**相手の本当の課題を明確化する**」「**その解決策そのものを提案す**

[33] 東京都であれば23区と主要5市。

る」というサービス付きの営業だということです。

工場用センサーの開発・販売を主とする**キーエンス**は、その給与と収益性の高さで有名です。その**高付加価値の源泉は、徹底的なコンサルティング営業**なのです。「世界初」「世界一」「世界最小」という商品力（FAセンサーなど）に支えられてはいますが、それをただ頑張って売り込むわけではありません。キーエンスの営業とは、そういった**「世界で唯一」の商品でしか解決できない問題点**を、顧客に対する（無料の）コンサルティングを通じて**明らかにするだけ**なのです。それが顧客に理解されれば、その商品は自動的に売れていくでしょう。

キーエンス従業員の平均年収は2279万円[34]で全上場企業の2位、営業利益率は50％強で全メーカーの頂点[35]です。

---

34 平均年齢は35.8歳（2023年3月期）。
35 日本の製造業の平均売上高営業利益率は5％前後。（2017年度「法人企業統計」より）

24 購買行動プロセス〔AIDMA/AISAS〕

「他人に シェアしたくなる 特別な何か」を つくれ!

AIDMA / AISAS
購買とインフルエンスファネル
口コミ
検索とシェア

積水ハウス
Google
Twitter(X) / Facebook / Instagram
電通

いつどんなPromotionをすればいいのか：AIDMA

第一次世界大戦後の1920年代、アメリカは空前(くうぜん)の好景気に沸(わ)き、T型フォードが爆(ばく)売れしていました。豊かな大衆に対する、大量生産・大量広告/販売の時代です。

S・ローランド・ホール[36]は『Retail Advertising and Selling』(1924) で、**広告・宣伝などに対する消費者の5ステップの心理モデル**を提唱します。それが**AIDMA**(アイドマ)[37]で、これにより新商品を売り込むとき、誰にいつどんなPromotion(プロモーション)をすればよいかが明確になりました。

- **Attention(認知)**：商品を知らない人向けに、広告やDMを打って、知ってもらう
- **Interest(関心)**：知ってもらった人向けに、リーフレットや雑誌記事で情報を提供して、関心を持ってもらう
- **Desire(欲求)**：関心を持った人向けに、欲求を高めるためのサンプル提供や、購買までの障害を下げるアピールやキャンペーンを行う
- **Memory(記憶)**：商品購買への欲求が高まった人向けに、欲求を維持し行動へのきっかけを与えるための広告を繰り返す
- **Action(行動)**：いざ店頭やECサイトで商品を買おうとしている人向けに、「あと限定3個」「分割払の金利は当社負担」などの後押しを行う

これらはB2Bの営業でもほぼ同じです。いずれにせよ、自社商品を知りもしない潜在顧客を、いかに購入客まで誘導・クロージングするかのステップを示しています。

その対象となる「顧客」の数は、どんどん少なくなっていくので漏斗(ろうと)のような図を用いて**購買ファネル**(funnel)と呼んだりします。(次頁参照)

---

[36] Samuel Roland Hall (1876～1942)

[37] 1898年にはセント・E・ルイスが「AIDA」を提唱しており、アメリカではこちらが主流。

購買ファネルのその先は?:口コミ

ヒトや企業は何かを購入したらそれで終わりでしょうか? その商品・サービスに満足すれば、リピートしてくれるでしょう。そしてとっても満足すれば、周りの人に奨(すす)めてくれるかもしれません。

この「口(くち)コミ」**こそが最強のPromotion**なのですから、マーケティングとしてはそこもカバーしたいところです。この購入後の行動を捉えたのが**インフルエンスファネル。継続(リピート)→共有(シェア)→紹介(リファラル)**と、どんどん忠誠度(ロイヤルティ)が上がっていきます。

昔から、戸建(こだて)住宅業界では、口コミが圧倒的に重要なPromotion手段でした。注文住宅でみると、市場規模に対して最大手の**積水ハウス**ですらシェアは数%に過ぎず、地域密着型の工務店も力を持つ分散的な乱戦(らんせん)市場です。テレビCMをいくら流しても、認知につながるだけで、関心や欲求まではいきません。でも経験者から「積水ハウスよかったよ」と口コミされたら、相

■2つの顧客ファネル:購買とインフルエンス

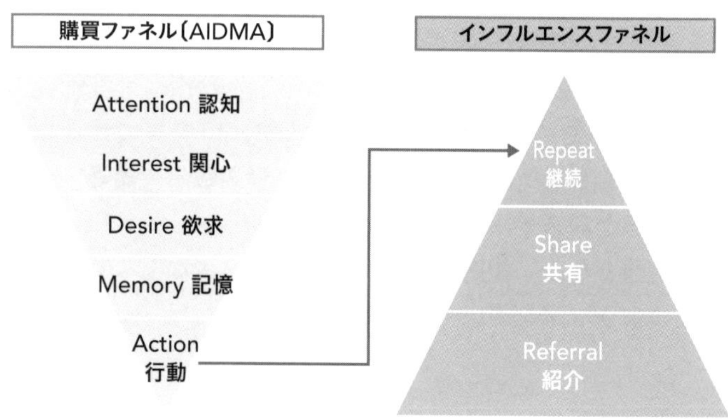

当関心レベルは上がるでしょう。

大手ハウスメーカーの顧客の半分前後はいわゆる既存客からの紹介客なのです。ただし、口コミをしてくれるのは、満足度の5段階評価でいえば1番上の人たちだけ。ただの「満足」レベルでは、売上につながりません。

だからこそ**商品だけでなく、その後のアフターサービスがダイジ**になってきます。戸建注文住宅のように、たとえリピートにつながる商品でなくとも。いや、それだからこそ。

ネットがもたらした「検索」と「シェア」

1998年創業のGoogleが「検索語（キーワード）広告」に辿りついた[38]のは2000年でした。その圧倒的な検索精度によって、**人々は何かに関心があれば、雑誌を買うのでもお店に行くのでもなく、まずググる**ようになりました。そして企業は、そこに自社の広告をぶつければいいわけです。非常に効率的でムダがありません。

またTwitter（現X：2006）[39]やFacebook（2004）、Instagram（2010：69頁参照）の登場によって、**人々は気に入ったものがあればすぐシェアするように**なりました。

これらをいち早く取り込んだのが広告代理店電通が提唱したAISASです。**Attention（認知）→Interest（関心）→Search（検索）→Action（購入/利用）→Share（拡散）**で、ネット時代の2つの顧客ファネルを1つにつないだ秀作でした。

しかし今、認知すらを（テレビではなく）YouTubeやInstagramが担う世界において、顧客の行動はどう変わっているのでしょうか。まずは自社事業においてそれを調べましょう。

---

38 発案したのはスコット・バニスター。事業化（Overture）したのはビル・グロス。Googleは別にAdWordsを開発。特許侵害で訴えられたが和解した。

39 2023年7月にX（エックス）へ名称変更された。

25 統合的マーケティング戦略：PLC戦略

完全無欠のPLC戦略、「マーケティングは死んだ」

PLC戦略
ロジャーズの顧客5分類
イノベーター／
アーリーアダプター

—

ディーンによるPLCの発見と価格戦略

コトラーの『マーケティング・マネジメント』で紹介された**PLC（Product Life Cycle）戦略**は、1950年にジョエル・ディーン[40]が発表した『Pricing Policies for New Products』に端を発します。

企業財務論のプロだったディーンは、「**勘と度胸で新製品の価格を決めるな！**」「どんどん変わる生産・販売コストをみながら思い切って安くしよう」「逆に高くても買ってもらえるものを、安易に安売りしないでおこう」と主張しました。

この先駆的研究に刺激され、多くの学者たちが**商品群の栄枯盛衰＝PLCは本当に存在するのか、どんなパターンがあるのか、各々のステージでどうすべきなのか**、を追い求めました。そして実際、数多くの市場でPLCが認められました。

ロジャーズの顧客5分類

「なぜこんなことが起こるのか」の説明に成功したのが、**エヴェリット・ロジャーズ**[41]でした。**『イノベーションの普及』**（Diffusion of Innovations）（1962）で彼は顧客を、イノベーションに対する態度別に「イノベーター」「アーリーアダプター」「アーリーマジョリティ」「レイトマジョ

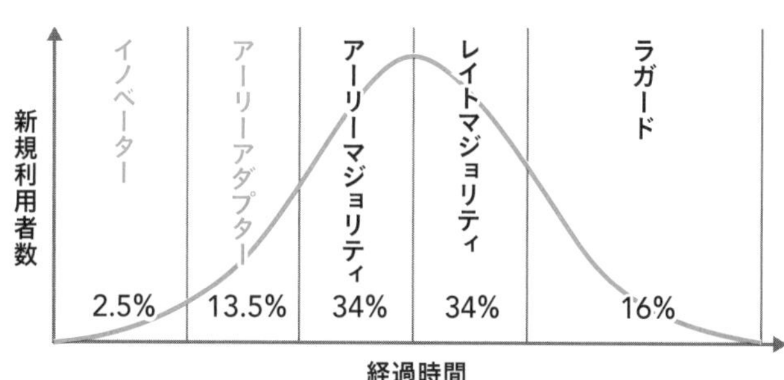

[40] Joel Dean（1906～1979）
[41] Everett Rogers（1931～2004）

リティ」「ラガード」の5タイプに分け、各々の特徴を明らかにしました。

画期的新商品をまず採用するのはイノベーターです。だから**PLCの黎明期のお客さん**はこの人たちです。新しいもの好きだから価格が高くてもいいけれど、2.5%しかいないので、黎明期の市場は極小にとどまります。**成長期にはアーリーアダプターやアーリーマジョリティが顧客**となっていきます。アーリーアダプターは同じく新しいもの好きですが、「オタク」(=イノベーター)ではないので価格はもう少し安くないと買ってもらえません。でも人数が多いので市場は急激に成長し始めます。しかしそれを越えると顧客の拡大は緩やかになり、市場は成熟していきます。

ロジャーズは「イノベーターとアーリーアダプターを取り込めば、後はどうにかなる。市場の最初の16%獲得を目指せ」と唱えました。

ドイルによるPLC戦略の完成:マーケティングは死んだ

PLC理論(4ステージ)にイノベーション普及理論(顧客の5パターン)が加わり、そこにマーケティング・ミックスが組み合わされたことで、**完全無欠のマーケティング戦略**が誕生しました。それが**PLC戦略です。1976年にピーター・ドイル[42]がまとめました。**

これが完成したとき、学会では「**マーケティングは死んだ**」という言葉も囁かれたそうです。「PLC戦略は完璧だ。すべてを含んでいる。これ以上、研究することなど何もないじゃないか」と。

PLC戦略によれば、例えば市場の黎明期にある商品の場合、商品に求められる機能は基礎的なもので構いません。その商品そのものが画期的だからです。価格は高くし、販売チャネルは専門店のみ、広告も専門誌に打てば十分です。ただし、数は売れず売上規模はわずかでしょう。なぜなら顧客が「イノベーター」と呼ば

[42] Peter Doyle(1943〜2003)

れる、わずか2.5％の人々だけだから。競合は少ないので安売り合戦にはなりませんが、戦略としては市場を拡大していくことが目的で、マーケティング上はより多くの人々に知ってもらうこと（「認知」）が目標になります。

収益は当然赤字です。商品の機能を上げるためのR&D投資もかさむので、キャッシュフローもマイナスです。ただまだ成長期ではないので、大量生産のための設備投資や、マスメディアなどでの広告投資は不要で、それほど大きなマイナスでもないでしょう。

PLC戦略とはこのように、**マーケティングでのSTPとMM、そこでの戦略やマーケティング目標、業績の見通しまでがセットになったもの**でした。それが、PLCのステージさえ定まればわかるのですから、完全な理論だと感じても不思議ではありません。でも幸いなことに、そうではありませんでした。

■PLC戦略の例

	黎明期	成長期	成熟期	衰退期
売上規模	わずか	急上昇	緩慢上昇	下降
利益額	赤字	高水準	下降	低水準か0
キャッシュフロー	マイナス	トントン	高水準	低水準
顧客タイプ	イノベーター	アーリーアダプター	マジョリティ	ラガード
競合	ほとんどなし	増加	多数	減少
戦略	市場拡大	シェア拡大	シェア防衛	生産性向上
マーケティング目標	認知	ブランド確立	ブランド強化	選択的
Product	基礎的機能	改良	差別化	合理化
Price	高水準	低下	最低水準	上昇
Place	専門店	量販店	量販店	選択的
Promotion	専門誌	マス	マス選択的	極小

26 マーケティングの発展①〔競争地位/キャズム/顧客開発〕

マーケティングは死なず。
イノベーターを
つかみ、
地位を高め、
キャズムを越えよ。

競争的マーケティング戦略
キャズム理論(アーリーマジョリティ)
顧客開発(イノベーター)

ハウス食品
エスビー食品

矛盾：競争地位で戦略は決まる？

一見完璧に見えたPLC戦略でしたが、それで自社の戦略を立てるには、明らかに足りないものがありました。それが「競争」の概念です。**コトラーは1980年に「競争的マーケティング戦略」として、4つの競争地位（competitive position）を定義し、そこでのマーケティング戦略**を示しました。競争地位戦略とも呼ばれています。

- **リーダー**：最大の市場シェアを持つ。目的はその維持とブランドの強化だが、そのためには「市場の拡大」「攻撃と防御」「シェア拡大」を同時に行う必要がある
- **チャレンジャー**：リーダーに次ぐシェアを持つが、リーダーに挑む存在。そのためには「差別化」や「イノベーション」が必要
- **フォロワー**：リーダーらに次ぐシェアを持つが、その維持を目的にする。積極的な独自投資を行わず、「模倣による同質化と低コスト化」で生き残る
- **ニッチャー**：上記企業が注力しない特定のニッチ（小規模セグメント）で利益をあげることが目的。高度な専門性などに投資し、参入障壁を築く。市場シェアは小さいが、特定ニッチ内では最大シェアを持つ

確かにカレールウやレトルトカレー市場のリーダーである**ハウス食品**は、秋になるとカレーのテレビCMを打ったりします。お金がかかるのですが、放っておくと他のメニューに侵食されてカレー市場自体が縮小するので仕方ありません。

そのときフォロワーである**ヱスビー食品**は、じっとしています。ハウス食品によるカレーのCMを見て「そうだ、夕食はカレーにしよう」と思った消費者が、自社のカレーを買ってくれたりするからです。

つまり、コトラーはここで「**競争地位さえ決まれば、やること**（戦略）**は決まる**」と言ったのです。

でも著書の『マーケティング・マネジメント〔第4版〕』で、その次の節で紹介したのはPLC戦略でした。**PLC戦略は**「**製品ステージさえ決まれば、やること**（戦略）**は決まる**」と言っているのですから矛盾しています。

まあ要は、**その2つを組み合わせなくては**、その商品が取るべき**マーケティング戦略は決まらない**ということでしょう。その組合せのひとつがBCGによる**成長・シェアマトリクス**（50頁参照）でした。横軸が相対シェアで競争地位を、縦軸が市場成長率で製品ステージを表現しているからです。

限界①：普及の壁〔キャズム理論〕

顧客を5分類したロジャーズ（129頁参照）は、イノベーターを越えて、アーリーアダプターまで（合計16%）普及するかが勝負だと言いました。そこまでいけば、後は勝手に他の顧客にまで広まるからと。でも残念ながらそうではありませんでした。

マーケティングコンサルタントの**ジェフリー・ムーア**[43]は、ハ

■ムーアのキャズム（越えられぬ溝）

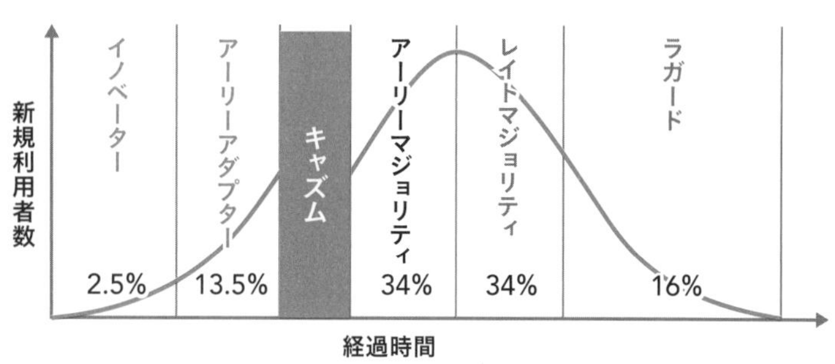

[43] Geoffrey Moore（1946〜）

イテク産業の分析から、**アーリーアダプターとアーリーマジョリティとの間には容易に越えられない大きな溝（Chasm）がある**ことを示しました。この溝を越えて**大市場に育っていくには、アーリーマジョリティに対する特別なマーケティング**[44]**が必要**だ、という「**キャズム理論**」を打ち立てたのです。

限界②：イノベーター獲得（顧客開発）

経営戦略の章で登場したスティーブ・ブランクは、なぜ「スタートアップにチームは2つだけでいい。商品開発と顧客開発だ」と言ったのでしょうか。それはスタートアップのほとんどが、最初のイノベーターすらつかめずに終わるからです。

イノベーションは、イノベーター（先進的顧客）こそが育ててくれます。その尖ったコンセプトを理解し、必要としてくれるイノベーターこそが、ともにその改善すべき点や、伸ばすべき特性を考え、教えてくれるからです。

だから**創業者やCEOは、自ら動いて「顧客開発（Customer Development）」**しなくてはなりません。

まずは①顧客発見（聞いて見てイノベーターを発見）、そして②顧客実証（イノベーターに使ってもらって検証）です。②でダメなら「ピボット」（軌道修正）して①に戻ります。

①②がうまくいって初めて、③顧客開拓（アーリーアダプターへのリーチを検証）や、④組織構築（本格拡大）に進むのです。

そう、「**マーケティングは死んだ」は杞憂**でした。完全無欠のPLC戦略を超えて、マーケティングはまだまだ進化を続けています。

[44] アーリーマジョリティは基本的には変化を嫌い安定を好むため、商品が「目新しいもの」ではなく「安心できるもの」「使いやすいもの」であることが大切。同時に他者の影響を受けやすいので、有力ユーザーによる口コミも有効。

27 マーケティングの発展②〔デザイン思考〕

真のProductは、徹底的な観察と手軽な試作の繰り返しから。

デザイン思考
5つの循環的ステップ
試作品
d.school

良品計画
IDEO
ジラス

「デザイン思考」は観察と試作の繰り返し

デザインコンサルティングファーム**IDEO**(アイディオ)のケリー兄弟、ティム・ブラウン[45]たちが1980年代につくり出した製品開発手法が「**デザイン思考(Design Thinking)**」です。

IDEOは「**よい解決策はユーザーを中心とした試行錯誤からしか生まれない**」**と割り切っています。**だから、どんどん試作品を作って試してみる、試行錯誤を前提とした柔軟な繰り返し型のアプローチを採用しました。その商品開発プロセスは**5つの循環的ステップ(EDIPT)**からなります(次頁図参照)。

① **Empathy** 理解・共感
② **Define** 問題定義
③ **Ideate** アイデア出し
④ **Prototype** 試作
⑤ **Test** テスト

まずは**ターゲットとなるユーザーを選んで、深いインタビューや観察**をします。知りたいのはその人のパーソナルストーリーや行動。ひとつの商品を買う(使う)にも、さまざまな要因があり、それに共感できない限りよいアイデア(解決策案)など出ないと考えるからです。

そして、問題を定義し、それを解決するためのアイデアを出していきます。**ブレインストーミングや逆ブレインストーミング、オズボーンの73質問**[46]などがその中心です。

続いて、試作とそれを使ったテスト。特に試作は、どこのステップでも利用する、最強の「思考」ツールです。**デザイン思考では、試作品を使って理解し、アイデアを出していき、そして絞り込みます。**演繹法でも直感でもなく、ユーザーに直接聞くのです。これでよいかと実物(の試作品)で。

---

45 David M.Kelley(1951〜)、Tom Kelly(1955〜)、Tim Brown(1962〜)
46 強制連想法の一種で、「他のことに使えないか」「分割できないか」などの質問が並ぶ。ただし、数えてみると71個しかない。

「観察」による発見が最初の一歩

ユーザーの状況や気持ちを深く理解し共感するところからデザイン思考はスタートしますが、そこでは**アンケートではなく対話による「質問」や、実際の使用現場の「観察」が重視**されています。

「無印良品」で知られる良品計画での新商品開発は、商品部のMD(マーチャンダイザー)、デザイン室、品質保証部の三位一体(さんみいったい)で行われます。テーマが決まると**デザイン室から提供される情報の一つが「写真」**です。あらゆる類似品・競合品の写真、ロングセラーの写真、そして、ユーザー数百軒分の家の中の写真が提供されます。それらをじっくり観察して、考えます。何が問題であり、何が答えかと。そこから発見・開発されたのが「長押(なげし)」をはじめとした「壁に付けられる収納家具」でした。

観察による発見は、近年、ビジネス・エスノグラフィ(91頁参照)としても注目されています。

■デザイン思考の循環的プロセス

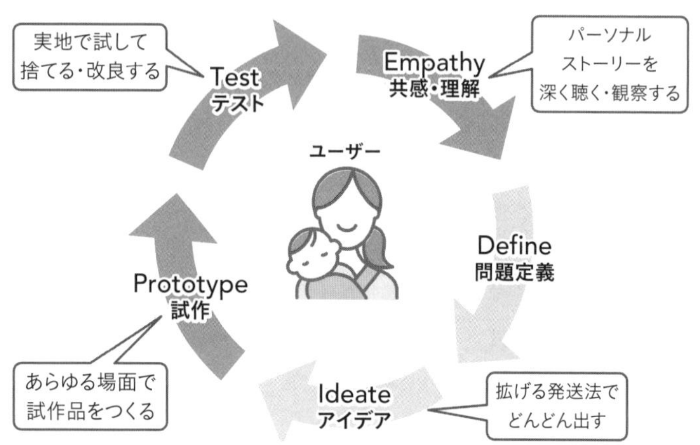

「試作」のハードルを下げてどんどん試す

IDEOは圧倒的な試作力を誇ります。それは設備や専門家による「組織としての試作力」だけではありません。試作は、1人だって簡単にできるのです。

あるときIDEOが取り組んだのは「慢性副鼻腔炎（ふくびくうえん）」。クライアントは世界有数の手術器具メーカーである**ジラス**でした。その**耳鼻咽喉科（じびいんこうか）部門がIDEOと新しい手術器具の構想を練る**ことになったのです。ジラスが集めた専門医たちを相手に、IDEOも苦戦します。いつもと違ってお堅い雰囲気の中、IDEOのメンバーたちは議論を進めるのですが、新しいアイデアについて身振り手振りが繰り返されるばかりで、まったく進まないのです。

そのときIDEOの若手エンジニアが、突然部屋を飛び出しました。5分後、彼は**「ホワイトボードのマーカー」を銃身（じゅうしん）にした、おもちゃの鉄砲のようなモノ**を持ってきて、斯界（しかい）の権威たちに手渡して言いました。「こういうものを考えていたのではないですか？」と。新しい器具の構想は一気に進み、『ディエゴ（DIEGO）』という製品に結実しました。

ここでの教訓は**「試作品は粗削り（あらけず）でよい」「高きを望むな」**ということ。アイデアは頭の中でも、机上でも、曖昧なままです。形にすることで、その概念が具現化するのです。

d.schoolが拓く未来

デザイン思考は今、世界中の「**d.school**（ディ・スクール）」で教えられています。MBA（別名B-school（ビィ・スクール））卒業生を「頭でっかちで役立たず」と嫌っていたデヴィッド・ケリーが、まずはスタンフォード大学で立ち上げました。**机上の議論より試作と検証**、そんな**デザイン思考の基本を実践し学ぶ**「**場**」です。

その先には、どんな未来が見えてくるでしょうか。

2 章のまとめ

マーケティングとは

マーケティングは馴染み深い言葉ですが、経営（事業）戦略との境目は曖昧です。マーケティング本部が商品の開発から製造企画・管理、広告宣伝、収益管理のすべてを担う場合もあり、そうなるともう経営（事業）戦略とほぼ同じです。

でもここでは**商品・サービス単位を対象とし、その目的を「売れる仕組みをつくる」こと、主な機能は商品と売り方のデザインと管理**とします。こういったマーケティングの概念は、コトラーが整理し、**『マーケティング・マネジメント』**（初版は1967年）で広めました。

マーケティングプロセスとその主要なステップ

コトラーは「戦略的マーケティングプロセス」を、「**R・STP・MM・I・C**」としました。

Rはリサーチ。**顧客側のニーズ調査と、技術側のシーズ調査**を行ないます。顧客調査ではよくアンケートが用いられますが、そこから真のニーズはなかなか出てきません。そこで有効なのが、**尋ねるのではなく相手の行動を観察するビジネス・エスノグラフィ**という手法です。聴いてもダメなら、行って、見ろ、なのです。

STPはセグメンテーション・ターゲティング・ポジショニング。**セグメンテーションは**ただ顧客群を年齢・性別・住所で細かく切り分けるのではなく、**何で切るかが勝負**です。**誰のどんなニーズを攻めるのかを決めるのがターゲティング**で、そのとき**競合とどう差別化するのかがポジショニング**でした。このSTPがしっかりしていなければ、すべてのマーケティング活動はムダに終わります。

MMはマーケティング・ミックス。**4P**ともいわれます。Product(製品)、Price(価格)、Place(営業・流通)、Promotion(広告・販促)と横並びにされますが、もちろん**Productが中核**です。STPで定めた「誰にどんな価値を提供するのか」を具現化するものだからです。**誰(セグメント)はバラバラで複雑、価値(バリュー)は多様**ですが、それを乗り越えてこそ任天堂のファミコンやAppleのiPodのような成功をつかめます。

Promotionの前提となるのは顧客の「**購買・インフルエンスファネル**」への深い理解でした。**AIDMA**や**AISAS**などが有名です。

究極のマーケティング戦略論「PLC戦略」とその後

1976年にドイルがまとめた**PLC戦略は、完全無欠**の**マーケティング戦略**でした。「**マーケティングは死んだ**」と学者たちが嘆くほどに。そこではPLCのステージごとに、顧客は誰か(イノベーターなど)、目指すべき戦略目標は何か、加えてMM(4P)のあり方などがすべて示されていました。

しかし、マーケティングは死んでなどいませんでした。コトラーはPLCステージ(だけ)でなく**競争地位**(リーダー、フォロワーなど)が重要と示し、ムーアは**普及への大きな溝(キャズム)**を指摘し、ブランクは「**イノベーター獲得**」こそ必須だと説きました。

そして**IDEOによる「デザイン思考」**こそが、現代を代表するマーケティングプロセスといえるでしょう。それは**徹底的な観察と手軽な試作品による評価の繰り返し**でした。イノベイティブなProductはこうつくれとIDEOは実践し、本で広め、大学や大学院(d.school)で教え続けています。

3章

オペレーション

企業の主活動

28.オペレーションとは
企業活動の
9割は、
オペレーション。

29.SCM
在庫は**悪**か、
それとも
最適化すべき
バッファーか。

30.CRM
バラバラな
マーケ・営業・サービスを
まとめられるのは、
「**顧客戦略**」だけ。

33.業務改革：
BPR、ベンチマーキング
モノマネも、**本気**でやるなら、
より**遠く**から**学べ**。

31.R&D
もっとも**秘密主義**
の**R&D**さえが、
外に**開く**。

32.業務改善：
QC、TQC、5S
全員・データ野球
の**QC活動**。

28 オペレーションとは

企業活動の
9割は、
オペレーション。

オペレーション
ケイパビリティ戦略

日本企業

オペレーションこそがバリューチェーンの中核

ここでバリューチェーンの図をもう一度見てみましょう。

1章の経営戦略を担うのは支援活動のひとつ（経営・事業管理）、2章のマーケティングも主活動のひとつに過ぎません。4章で人・組織、5章で会計・財務を解説しますが、残りの**ほとんどすべてが「オペレーション」**なのです。人員でも通常9割以上がそこにいます。下手な経営・事業戦略やマーケティング戦略を立てるより、製造販売サービス機能を担う**オペレーションの質の高さで日本企業は勝負してきました。**こういったオペレーションの強みに立脚した経営戦略こそがケイパビリティ戦略でした。ホンダもトヨタもZARAも。

この3章ではオペレーションを、バリューチェーンでの主活動の個々の視点（調達、生産、物流など）ではなく、それを「**つなぐ**」**ことに価値を見い出す「SCM（エスシーエム）」と「CRM（シーアールエム）」の視点を中心に解説**します。その後、活動全般に共通する生産性向上施策として**「BPR（ビーピーアール）」「ベンチマーキング」と各種業務改善手法を概観**します。

■ **各章とバリューチェーンの関係（黒箱が3章）**

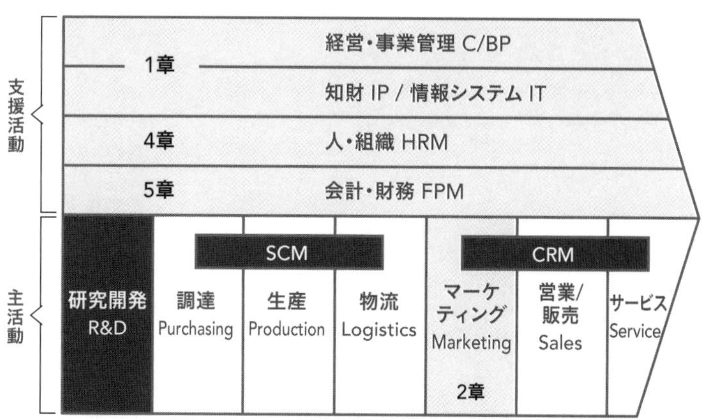

29 SCM

在庫は悪か、それとも最適化すべきバッファーか。

トヨタ生産システム
在庫は悪
SCM
MRP / MRP2 / ERP

トヨタ
ホンダ

調達から顧客までをつなぐSCM：つなぎ目に問題あり

企業を6つの機能（企業活動）に分けたのは、20世紀初頭のフェイヨルでした（28頁参照）。それを「コストの階段」として捉えたのがマッキンゼーの「ビジネス・システム」（1980）であり、つながり（チェーン）として「命名」したのがポーターの「バリューチェーン」（1985）でした。ポーターは企業活動を価値の連鎖だとして**バリューチェーンと名付けましたが、本当は「チェーン」の意味を追究しきってはいませんでした。**まだまだそれは輪っかの寄せ集めだったのです。

機能そのものではなく、**機能と機能のつなぎ目にこそ問題がある**、とおそらく最初に気づいたのがトヨタです。機能間を「うまく」つないでいた**在庫を「悪」として追放し**、供給機能全体を一体として管理するために「かんばん方式」などを生み出しました。

そして1983年、経営コンサルティング会社のブーズ・アレン・ハミルトン[1]が初めて「**SCM（サプライチェーン・マネジメント（Supply Chain Management））**」という言葉を使います。生産も調達も物流も、**バラバラでは改善に限界がある、その隙間にこそ問題があるのだから一体として管理しよう**、と提唱して好評を博（はく）しました。

■ **SCM（サプライチェーン・マネジメント）**

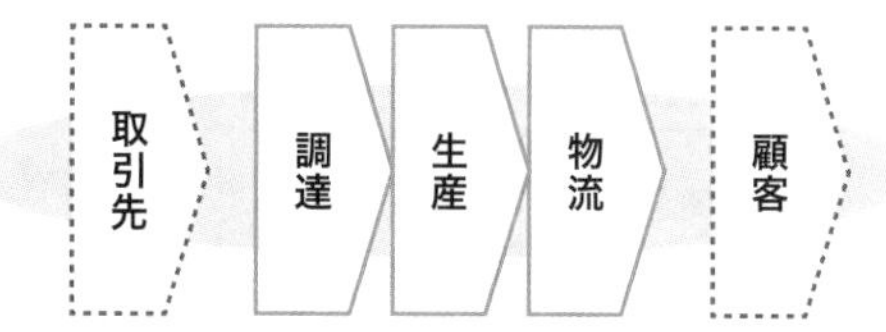

例1）在庫を部品でしか持たないBTO（Build-To-Order）
例2）下流工程からの要求で生産するかんばん方式

[1] Booz Allen Hamilton（BAH）。日本法人はGCジャパンと統合し、ジェミニ ストラテジーに。

人を核にした日本独自のトヨタ生産システム

ホンダが1980年代、アメリカ自動車市場で戦えたのは、GMやフォードに規模で大きく劣っていても、その生産技術で優っていたからでした。

同じくその頃、国内市場でホンダを圧倒していたトヨタが、もともと目指していたのも、規模に頼らない生産性向上でした。その中心となっていた大野耐一が後年まとめた『トヨタ生産方式』(1978)の副題は、まさに「脱規模の経営をめざして」でした。

トヨタ生産システムとは、「かんばん方式」「JIT」（Just In Time）「平準化」「7つのムダ」「自働化」「改善」「ポカヨケ」「見える化」など、さまざまなコンセプトの集合体で、ここで紹介し切れるものではありませんが、それまでの欧米の製造業の常識を打ち破った概念が、「**在庫は悪**」という考え方と「**人の能力を核にした生産・改善活動**」でした。どちらも、それまでの西洋流のオペレーション(生産管理や分業)の概念を、真っ向から否定するものでした。

在庫は悪、みんなでKAIZEN

在庫というのはそれまで「必要に応じて持つもの」であり「生産や販売をスムーズに流すための緩衝材・潤滑油」でした。販売現場では毎日商品が出ていきますが、特定商品の生産は月1回か

■ トヨタ生産システム：在庫は悪

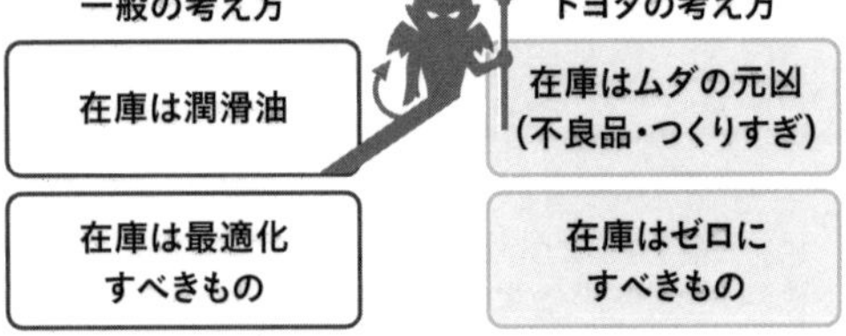

一般の考え方	トヨタの考え方
在庫は潤滑油	在庫はムダの元凶 (不良品・つくりすぎ)
在庫は最適化 すべきもの	在庫はゼロに すべきもの

もしれません。それなら、ひと月分は在庫を持たないと、怖くて仕方ありません。工場内のある工程（Process）は信頼性の問題で時々丸一日止まります。であれば、次の工程との間に1日分の在庫（工程間在庫[2]という）を用意しておきます。これで生産から販売までがスムーズに流れるはず、というのがそれまでの考え方でした。

でも大野たちは考えました。その**在庫をゼロにしよう**、と。そうすれば、流れは滞（とどこお）って生産も販売も減るだろうが、イヤでもそういった緩衝材で隠されていた**各工程のムダ・ムリ・ムラがわかる**[3]はず。極限まで在庫を引き下げることで、自然と品質は上がる！

在庫はすべての「まずさ」を覆（おお）い隠す悪だったのです。工程間の在庫は極少にし、各々にかんばんを付けました。それを次工程が使ったら前工程にかんばんだけが戻り、次工程はようやくそのかんばんの枚数だけ生産ができる仕組みにし、「**かんばん方式**」と呼びました。**強制的に各工程を結びつける究極のSCM**と言えるでしょう。そして、人の能力を最大限に活かした取り組みを進めました。

従業員には、細かく分業し過ぎるのではなく、1人でいくつもの作業をこなせる「**多能工（たのうこう）**」であるべく求めました。これによって、**互いが助け合える**ようになり、作業の平準化や安定につながりました。

QC（173頁参照）**などの「改善」活動も、現場の作業者たちを中心に全員参画（さんかく）で行いました。**欧米流に言えば、ワーカーがエンジニアの仕事をしたのです。それは「エンジニア職域（しょくいき）の侵害」かつ「ワーカーへの労働強化」であり不可能とされていました。

しかし今や「改善」活動は「カイゼン」「KAIZEN」となり、世界の生産現場の共通語となりました。日本企業の生産システムは、デミングの教え（統計手法：173頁参照）を超えて、その先（人間

---

[2] 英語では、Work In Process（WIP）。

[3] ムダをなくした生産方式ということで「リーン（Lean：筋肉質の、脂肪分のない）生産方式」とも呼ばれた。経営全体では「リーン・マネジメント」とも。

中心の生産システム）にまで到達したのです。テイラー主義とメイヨー主義の融合とも呼べる領域です。

MRPからMRP2へ

しかし工程間在庫を圧縮する**JIT方式には、さまざまな条件が必要**でした。まずは需要が大きく変動しないこと。季節変動やファッション性が高いものには向きません。また調達先の納入能力も高くなければ成立せず、作業者の多能工化も必須です。

それらが難しかったアメリカで1970年代につくられたのが**MRP**（エムアールピー）で、**サプライチェーン全体における部品及び製品在庫のすべてを管理する仕組み**です。これがあれば、多少個々の部品調達先や作業者の能力にバラツキがあっても、適正な在庫で効率的な生産が実現できます。

それが発展して1980年代に出来たのがMRP2（ツー）。**MRP**は**Material Requirements Planning**（資材所要量計画）でしたが、**MRP2**は**Manufacturing Resource Planning**（生産資源計画）とな

■「カイゼン」は誰の仕事か？

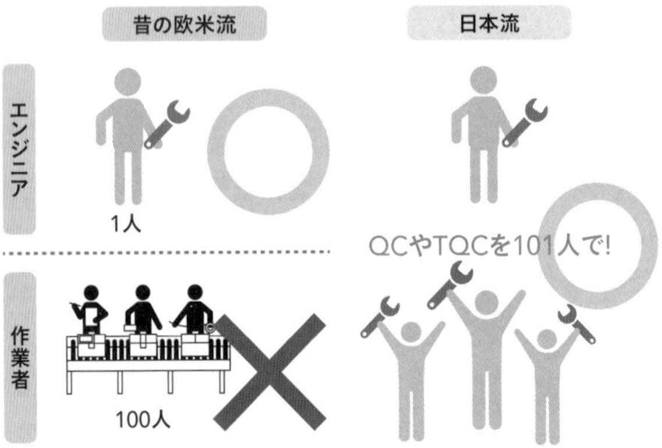

昔の欧米流
日本流
エンジニア
1人
QCやTQCを101人で!
作業者
100人

り、**原材料や部品だけでなく、設備や人員に至るまですべての所要量やキャパシティ、生産量を計画・管理**できるようになりました。

かんばんを使ったトヨタ生産システムは、売れた分だけつくるというPull（プル）型生産システムであるために過剰（かじょう）在庫はありませんが、いったん大きなトラブルが起きるとバッファーがないため即座に全工程と出荷が止まり、かつ長期に影響が残ったりします。一方、MRP2などはPush（プッシュ）型生産システムとも呼ばれ、在庫は多めですが、全体を1つのシステムで把握しているので、大きなトラブルには強かったりします。

ERPは日本企業に業務の標準化を迫る

このMRP2の発展形が、企業の全活動を網羅する**ERP（イーアールピー）、Enterprise Resource Planning**（企業資源管理）です。1973年に独SAP（エスエーピー）がつくり上げ、欧米で急速に普及しましたが、日本では独自の商習慣や生産方式、人事・給与制度が壁になり、導入されるようになったのはその20年も後でした。

ERPシステムはSCMだけでなく、企業のバリューチェーンすべてをカバーする究極の情報システムです。導入を簡単にするため業種別に標準形（テンプレート）がつくられていますが、企業が個別にカスタマイズすればするほど、情報システムとしての生産性は落ちてしまいます。

なので**ERPを導入するということは、業務の標準化**（他社と同じにする）**というビジネスプロセス改革**（BPR：177頁参照）**を進めるということでもある**のです。

COLUMN 5 Amazonは物流センターで勝負した

複雑で
前例がなくて
大変だからこそ、
それは
長期の優位性に
つながる。

クイック・デリバリー
ワンストップ
ロングテール
3つのオペレーション革新

Amazon

スピード感をもって創業し、少しゆっくり成長したAmazon

多くのITベンチャーにとって、もっともお金がかかる資産は、ヒトの容れ物であるオフィスだったりします。敷金(しききん)が賃料の12ヶ月分、改装費や設備・什器費(じゅうきひ)が同額ほどもかかるからです。でも洒落(しゃれ)たオフィスは有能な若手を集めるには必須です。

しかし、そんなものでなく**物流センターという有形固定資産とそのオペレーションで勝負した例がAmazonです。**

創業者の**ジェフ・ベゾス**[4]は、**圧倒的なスピード感**でインターネットビジネスに乗り出しました。1994年春、ヘッジファンドの上級副社長だったベゾスは、生まれて間もないインターネットの利用率が異常な速度で上昇していることに気付きます。なんと前年比23倍！ すぐに彼は**「インターネットをコミュニケーション以外に使えないだろうか」**と、**ネットで売れそうなものを20個リストアップ**しました。**その筆頭(ひっとう)が「本」**だったのです。既に通販でも売られ、リアル書店のトップ企業シェアも20％以下。千載一遇(せんざいいちぐう)のチャンスだ、とベゾスは確信しました。

その夏、彼は退職して妻とともにニューヨークを発ちました。引っ越し業者のトラックが西海岸へと走る間に、彼らはテキサスまで飛び、そこで継父[5]から中古のシボレーを手に入れました。シアトルへと走る途中、サンフランシスコではプログラマーを面接し採用しました。シアトルでは即日家[6]を決め、ワークステーションを3台買って、「ガレージ」でビジネスの立ち上げに取りかかりました。引っ越しトラックはまだ着いていませんでした。

この**スピードこそがベゾスの勝因**です。急速に進化するインターネット、特に電子商取引(Eコマース)（EC）分野において、誰よりも早くノウハウを手に入れ、それを活かすことができたからです。

しかし、全米がネットバブル[7]に沸いた1999〜2001年頃、Amazonは（相対的には）ゆっくり成長していました。

---

[4] Jeffrey P. Bezos（1964〜）。最初はcadabra.comで法人登記したがすぐ変えた。
[5] ベゾスの両親は、老後資金もAmazonに投資（24.5万ドル）してその創業を助けた。結果的に、億万長者になった。

Amazonは絶対的なケイパビリティ、物流に投資した

2000年、それまで前年比2倍以上の成長を遂げていた売上高は、前年比68%増へと鈍化し、最終損失はついに1000億円を突破しました。ベゾスの思惑通りに。

2000年時点で、Amazonは全米8ヶ所の物流センターを構えていましたが、そのうち6つがその年に建設されたものでした。建設費は1ヶ所あたり約5000万ドル。物流センターの総床面積は、3万平方メートルから50万平方メートルに拡張され、そのオペレーションのために、従業員は8000人近くまで膨らみました。

証券アナリストたちはそれを非難し続けました。「物流センターへの投資など止めろ」「**われわれはネットビジネスに投資しているのであって、物流企業にしているのではない**」「もっと桁違いの成長を！」

2000年初のネットバブル崩壊もありAmazonの株価は下がり続け、翌年10月には5ドルとなりました。最高値の22分の1です。

■Amazon 株価の暴落

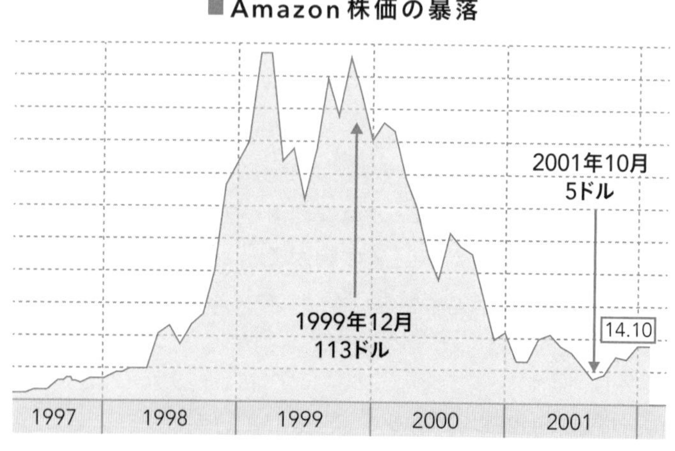

[6] ガレージ付きの家にこだわった。HPやAppleがガレージからの起業で成功していたから。

[7] 英語ではdot-com（ドットコム） bubbleもしくはinternet bubbleと呼ぶ。

しかし、批判も株価もベゾスは意に介しませんでした。**独自の物流ケイパビリティこそがAmazonに圧倒的な「持続的な競争優位」を与えてくれる**とわかっていたからです。それまで全米の消費者に翌日もしくは翌々日に確実にモノを届けてくれる物流プレイヤーは存在しませんでした。もし、そのクイック・デリバリーが、顧客にとって価値があるならば、それこそイノベーションとなるはずです。敵は、いません。

ワンストップが人を惹きつけ
ロングテールが儲けの源泉となった

Amazonが持つ、実店舗の数倍・数十倍の**品揃え**と的確な**お奨め**、そして**クイック・デリバリー**は、全米3億人の消費者を惹きつけました。それらの価値を提供するための**独自のケイパビリティは、ITと物流への巨大な投資**によって構築されたものでした。2003年、Amazonは黒字に転じ、再び成長軌道に乗ります。

そのAmazonの品揃えのビジネス価値を「**ロングテール（the Long tail）**」として広めたのが、クリス・アンダーソン（105頁参照）でした。04年のWIRED記事で彼は、Amazonをはじめとした大手EC売上のかなりの部分が、リアルショップでは手に入らないマイナーな商品（全品目の93%）から上がっていると指摘しました。

当時230万タイトルにも上るAmazon書籍の売れ行きは、いわゆる「べき乗分布」的でした。売れるものはもの凄く売れますが、大多数はほとんど売れません。にもかかわらず、その売上の上位集中度は、それほどではありませんでした。**下位のものの売上貢献が大きかった**のです。

売上の大きいものから順に、週に何冊売れたのかを横に並べていくと、頭を持ち上げた、シッポが（とても）長い恐竜のような図になります（次頁図）。**リアルショップにもある上位16万タイト**

ル（7%）を**ヘッド**、残りの下位214万タイトル（93%）を**テール**とすると、**テールが売上のなんと約6割（57%）を占めた**のです。これが「**ロングテール**」**の正体**です。

これらに最初に気づき分析を始めたのは、経営学以外の学者たちでした。1999年、ルーマニア生まれの物理学者 アルバート＝ラズロ・バラバシ[8]は、インターネットなどのネットワークのつながり方が、乱雑（ランダム）ではなく構造があること、そしてそれが、**べき乗分布**であることを突き止めました[9]。これは**スケールフリー・ネットワーク**と名付けられ、社会学全体に大きなインパクトを与えました。

MIT（エムアイティ）（マサチューセッツ工科大学）の経済学者 エリック・ブリニョルフソン[10]は、教え子であったユー・フー[11]らと、Amazonの分析に挑み、2003年、**ロングテールの存在とそのインパクト**を示しました。

ロングテールの影響は、売上だけでなく利益にも強く出ます。「売れない」商品であるテール商品は、従来は赤字商品でした。し

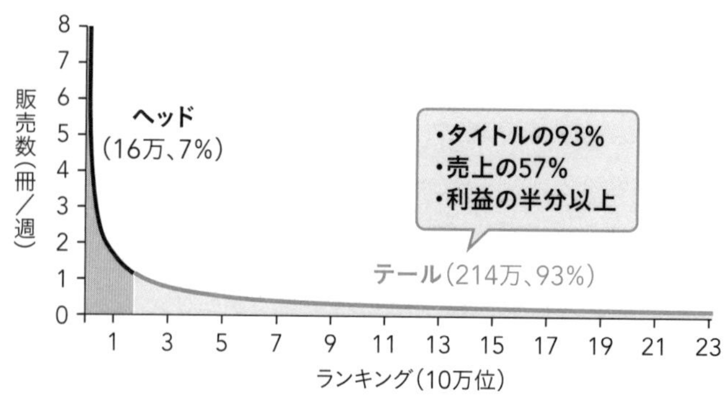

出所：『The Longtail』より作成

---

[8] Albert-Laszló Barabasi（1967〜）

[9] "Emergence of scaling in random networks" Albert-Laszlo Barabasi, Reka Albert

かしECであれば、テール商品の在庫は全米で数冊（もしくはゼロでも）でも構わないので、**在庫コストは大してかかりません。**

しかも定価で売れます。日本と違って本の再販制度[12]がないアメリカでは、ベストセラー本もすぐ5割引になってしまいます。**定価で売れるテール商品は、Amazonにとってとても儲かる商材**なのです。

Amazonの3つのオペレーション革新

創業から30年、リアル書店のNo.1、バーンズ&ノーブルの挑戦も退け、Amazonの2022年の年間売上高は5139億ドル、23年6月の時価総額は1.2兆ドルに達しました。

しかしその道のりは、唯一無二のプレイヤーであり続けるための戦いでもありました。**ベゾスはAmazonを舞台に、3つのオペレーション革新**を成し遂げました。

①**直販EC**：書籍だけでなく玩具、音楽、ビデオ、家電などの**総合型の直販・間販ECサイト**の構築。高度なお奨め機能の開発と提供

②**ロジスティクス**：**全米を網羅する物流センター**と各家庭への**高速で高効率な配送網**構築

③**ITインフラ**：自社システムを支え外販でも稼ぎ頭となった**クラウド型のAWS（Amazon Web Services）**構築

これらはどれもが巨大で複雑なオペレーションだからこそ、簡単には覆せません。

この強いAmazonを真に脅かすものは、政府による規制と自身の慢心だけ、なのかもしれません。

[10] Erik Brynjolfsson（1962〜）　[11] Yu Jeffrey Hu（？〜）

[12] 再販売価格維持制度。本でいえば出版社が書店での販売価格を定め拘束できる制度だが、対象は紙の新刊のみで電子版や古書は対象外。

30 CRM

バラバラなマーケ・営業・サービスをまとめられるのは、「顧客戦略」だけ。

CRM
顧客戦略
SFA / パイプライン管理
SaaS

アクセンチュア
エディオン（デオデオ）
セールスフォース

対顧客活動を統合するCRM：ダイジなのは顧客戦略

供給側で成功した「機能をつなぐ」考え方を、顧客（需要）側でやったのが、「**CRM**（顧客関係マネジメント（Customer Relationship Management））」であり、その開発・普及の中心となったのが**アクセンチュア**[13]**のような総合コンサルティング会社**でした。

もともとは、顧客情報をデータベース（DB）化して、それを販促に使おうとしたのが始まりでした。1983年、レオナルド・ベリー[14]らが**Relationship・Marketing**（リレーションシップ・マーケティング）として「長いお付き合い」を目指した販促手法をつくり出しました。**既存客**をしっかりフォローすることでつなぎ止め、**そこからの口コミで新規客を呼び寄せる**、営業（セールス）とマーケティングが一体となった手法でした。

1990年代末からはさらに領域を広げ「**顧客戦略のもとにそれまでバラバラだったマーケティング、セールス（営業・販売）、サービスの諸機能を統合的に管理・強化しよう**」としたのが**アクセンチュア**たちです。経営戦略・ヒト組織・ITコンサルティングとケイパビリティ構築のすべてをカバーする**総合力が発揮できる土俵（どひょう）を、自らつくり上げていった**のです。

CRMは単なる情報システム重視のケイパビリティ改革（DBマーケティングなど）ではありません。**ターゲットやバリューを定め直し**、そこでの利益向上機会を明確にすることから始まる全社改革

■ CRM（顧客関係マネジメント）

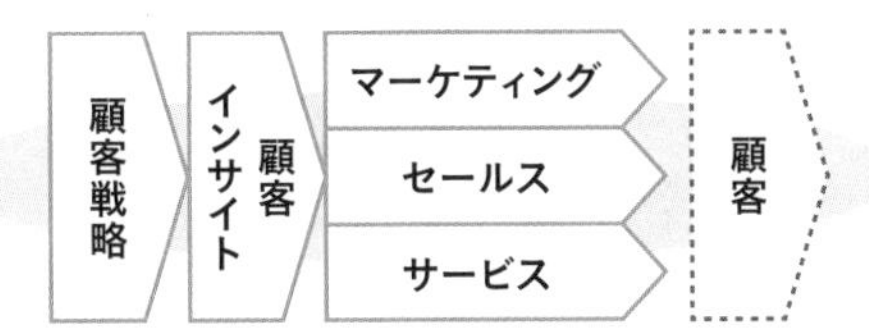

例1）サービス活動からの紹介客（新規顧客）開拓
例2）顧客データベース統合による即時対応

---

[13] 世界最大の経営コンサルティング会社。コンサルティング、IT施策、アウトソーシング機能を持ち、従業員数72万人（日本は2万人）。

[14] Leonard Berry（1942〜）

です。そうでなければ、マーケティング、セールス、サービスの統合的運用などというケイパビリティの大変革は行えません。

- **ターゲット**：ターゲットセグメントの**LTV（顧客生涯価値）**[15]を把握して絞り込む・拡げる
- **バリュー**：そこへの**提供価値**を**個客エージェント**[16]の視点から考える。（ジャストタイミング、マッチング、ワンストップ、メタプロダクト、カスタマイズ、リレーションなど）
- **ケイパビリティ**：上記達成のための**企業能力（オペレーションや人・組織）**を構築する
- **収益モデル**：LTVを顧客の離脱率や投資・費用を勘案（かんあん）して試算する

これらを組み立てることがCRMにおける顧客戦略であり、**日々の顧客情報の分析・抽出を行うのが顧客インサイト**です。この2つが組織横断的に統合されてこそ、CRMは成り立ちます。

サービス革新で飛躍したエディオン（デオデオ）

家電量販店業界3位の**エディオン**は、広島本社のデオデオを中核に、エイデン、上新（じょうしん）電機、ミドリ電化、100満ボルト、石丸電気などを統合して生まれた会社です。デオデオ（旧ダイイチ）は広島を中心に西日本で非常に高いシェアを誇っていました。その中核は、**①Zサービス**と**②ダイレクトメール（DM）**でした。

1960年代から極めて迅速な訪問修理サービスをウリにしていました。そのために日本初の無線搭載サービスカーを広島市内に巡回させたり、詳細な顧客台帳を整備したりしており、「**パトカーより早い**」と称されていました。

「われわれは家電というモノを売っているのではない」「**お客さまに効用**（ご飯が炊けるなど）**を提供している**のである」「故障すれば効用はゼロになる」「故に一秒でも早く修理すべし」

---

[15] Life Time Value：ある顧客が取引開始から終了までの期間、自社にもたらす売上もしくは利益を指す。

[16] 顧客一人一人を個客と捉え、その購買代理人（エージェント）として活動すること。

当時の経営陣はこう考え、究極のサービス「**Zサービス**」をつくり上げたのです。**電話口で氏名と電話番号を告げれば情報が一元化された顧客台帳（統合データベース［DB］）が即座に開かれます。**あとは何がどう故障したかさえ伝えれば、デオデオ側で機種や購入時期はわかります。故障原因を推定して、即座に必要な部品を積んだサービスカーを送り込めます。あまりの便利さに、本拠地である広島市内におけるデオデオの家電販売シェアは、60％を超えるまでになりました。

サービス部隊も、修理して終わりではありません。顧客宅を訪問すればいろいろなことがわかります。**競合他社から購入された家電の情報（機種や購入時期）だけでなく、家族構成や家の間取りもつかめる**でしょう。

そういった顧客情報は統合DBに入力され、購買情報とともに膨大な顧客情報資産となりました。

1980年代以降はこれを高効率なDBマーケティングに活かし

■エディオンのCRMシステム

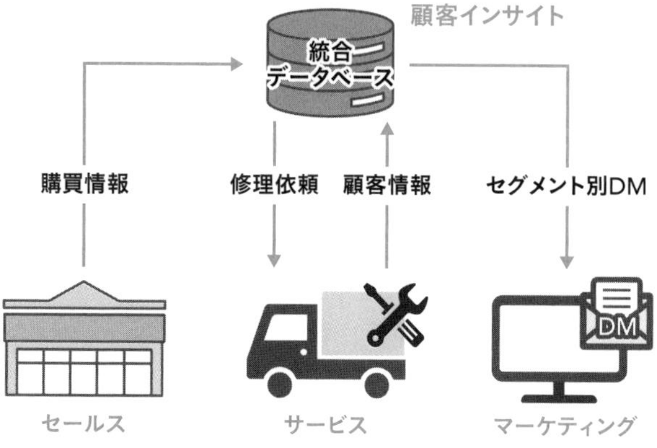

顧客インサイト
統合データベース
購買情報
修理依頼
顧客情報
セグメント別DM
DM
セールス
サービス
マーケティング

ます。まずはDM（ダイレクトメール）です。世帯ごとに累積の購入金額などがわかるので、お得意さまには特別セール招待状DMを送ります。大型新商品の発売時には事前にもDMは送りますが、**発売当日に誰が買ったかの情報をマーケティング担当者が夜のうちに解析し**、改めてターゲットを定め、そこに響くバリューを考え、翌朝には新しいDMを発送します。こういった仮説検証、試行錯誤を毎日繰り返すことで、非常に精度とレスポンス率（購入につながる率）の高いDM活動が実現します。

売上の8割を占める上位2割の**ロイヤルカスタマーに絞った販促活動**や、**家電の買い替え時期や家族構成の変化時期に合わせたDM発送**などの工夫で、1991年に4%弱だった**DMレスポンス率は、95年には14〜17%以上**、1通あたりの売上も2倍以上になりました。

デオデオはこういった、セールス（店頭）、サービス（訪問修理）、マーケティング（DM）、そして**顧客インサイト（統合DBと分析担当者）が一体となったCRMケイパビリティを1980年代には既に構築**し、常に高い顧客満足度を獲得し続けました。それは同業数社を吸収して、エディオンとなった今も続いています。

セールスの効率化を促すSFA

マーケティングで「不要にすべきもの」とされている人的**営業活動**は、多くのB2Bビジネスで健在です。でもとても非効率で、管理の難しい領域でした。その**可視化と効率化を支援**するための情報システムが**SFA**[17]です。

SFAの主たる価値は、潜在客とのコンタクトに始まる「**営業プロセスのパイプライン管理**」にあります。「コンタクト→見込み→アポイント→商談→提案→受注」の**各ステップにどれだけの仕掛かり客がいるのか、その各々が次のステップへ進む確率（コン**

[17] Sales Force Automation。といっても営業自体の自動化システムではない。

バージョンレート：CVR）はどれくらいなのか。それが把握できれば、**将来の売上予測**がより確度高く見積もれます。

そしてもっとダイジなのは、**営業活動の資源配分と改善指示ができる**こと。放っておけば営業担当（や上司たち）は、受注に近い顧客の刈り取りに走り、将来の種まきを怠（おこた）りますが、それを防止できます。そして各段階での歩留（ぶど）まりを個人やチーム間で比較することで、その質的な問題を把握できるのです。

初期SFAの中核はシーベル・システムズでしたが、2000年にはセールスフォース（71頁参照）によるSalesforce.com（セールスフォース・ドット・コム）が発売され、爆発的な成功を収めました。

当初から「クラウド型で利用者1人あたり定額の利用料を支払う」SaaS（サーズ）[18]形態をとったことは英断（えいだん）で、買い取り型[19]での初期投資を嫌う中小企業への浸透が図れました。そして何より、常に顧客の営業部隊にとって成功、つまり売上向上につながる仕組みを追究し続けたことが、ユーザーの心をつかみ、離脱を防ぎました。

■SFAの営業パイプライン管理

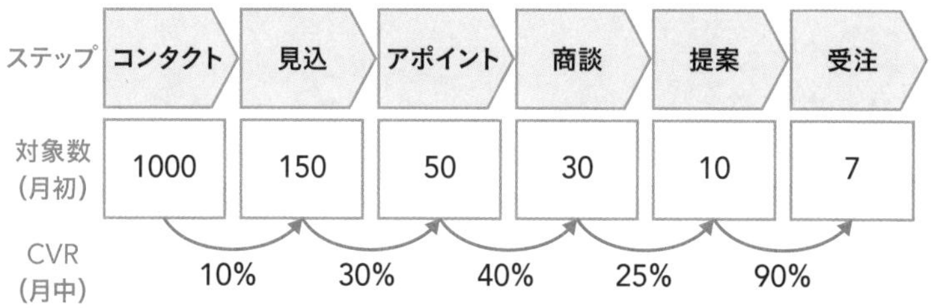

---

[18] Software as a Service
[19] よくオンプレミス（on-premise）と呼ばれる。Premiseは「根拠」「前提」だが、「建物」「施設」の意味も。

COLUMN 6

DELLのダイレクトモデル

このビジネスでは、スピードがすべてだ。

BTO
直販生産システム
（ダイレクトモデル）
タイム・ベースト・
コンペティション

DELL

マイケル・デル、大学を中退して起業する

IBMのお陰で限りなく水平分業化され、PCメーカーの役割（と利益）が薄くなっていく1990年代に、ひとり気を吐いたのが**DELL**（当時はデル・コンピュータ）でした。創業から4年後の88年にはNASDAQ（ナスダック）に上場し、ネットバブル崩壊直前の2000年にはアメリカでのPCシェアの15％を握り、売上320億ドル、純利益23億ドルの巨大企業となりました。

創業者の**マイケル・デル**も、ビル・ゲイツ[20]やスティーブ・ジョブズと同じ、大学中退組でした。でもその時期は彼曰く（いわく）「技術的標準（スタンダード）に挑戦するには遅過ぎ、販売網は既に出来上がり、競合（コンパック）も非常に強大」という少し残念なタイミングでした。

でも「新しいマーケティングや流通戦略にはまだチャンスがあり」ました。それが「**受注生産（BTO：Build To Order）方式の直販生産システム（ダイレクトモデル）**」でした。

DELLモデルとも呼ばれたこのシンプルなビジネスモデルは、一体何もので、そしてなぜこれほど長く（20年近く）優位性を持続できたのでしょうか。しかも、「成熟」しつつあったPC市場の中で。

■ **DELLがダイレクトモデルで実現したスピード**

	競合	DELL
生産・出荷	自社で30日分、ディーラーで35日分 在庫は65日分	受注から36時間以内に出荷 在庫は7日分のみ
集金	入金まで 売上後16日以上	クレジットカード支払は 24時間で現金化

[20] Bill Gates（1955〜）、本名はWilliam Henry Gates III。ハーバード大学を4年生で中退しマイクロソフトを創業した。

「このビジネスではスピードがすべてだ！」

デルが好んだ言葉が"Speed is everything in this business."でした。DELLの商品そのものは、特別なものではありませんでしたが、組織としての速度は超一級でした。そしてそれこそが、DELLに「特別な力」を与えたのです。

- **生産・出荷速度：完成品在庫は7日分**しか持たず、基本は注文を受けてから36時間後には生産・出荷する。コンパックは自社で30日分、ディーラーが35日分の計65日分の完成品在庫を持っていた
- **集金速度**：**前払い**であるクレジットカードでの支払に対して**24時間で現金化**した。コンパックは売り上げ後16日以上かかった

PC業界では、特にこの**完成品在庫の多さが問題**でした。PCはどんどん性能・機能が上がるので、年3、4回は新商品が投入されます。そのため、各々の商品寿命は3〜4ヶ月しかありません。なのに2ヶ月分も完成品在庫を持って商売をするのが、コンパックやIBMといった従来のPCメーカーのやり方でした。そのため、大きな「**在庫陳腐化リスク**」に晒されていました。薄利多売のなかで、最後に1週間分在庫を余らせれば、積上げた利益がすべて吹き飛びました。

完成品在庫の日数は、「**部品の調達コスト**」にも大きな影響がありました。あるユーザーがDELLとコンパックから同じPCを買ったとします。購入する時点を同じとすると、生産された時点はDELLとコンパックで2ヶ月弱、違うことになります。パソコン部品はほとんどが**外部調達の半導体製品**であり、その**価格は週に1%ずつ下がっていた**ので、**2ヶ月遅く調達・生産できれば約10%も下がります。**故にDELLは、敵より1割も安く部品を買えるのです。PCコストの7割は部品代なので、それだけで価格を

7%も下げる力を得ることになります。

DELLは、CRMとSCMを合体させたような存在（ダイレクトモデル）でした。しかしそれは在庫日数の少なさの半分を説明するに過ぎません。もう半分は**BTO**の力です。見込みでなく、**販売が確定してからつくるから在庫は減る**のです。規模でなくスピード（とそれを支えるオペレーション）によって「敵より常に低コスト」という絶大（ぜつだい）な力を手に入れました。

BCGのジョージ・ストーク[21]が唱えた「**Time Based Competition**（タイム・ベースド・コンペティション）」（1988）**の体現者**となったのです。

DELLのビジネスモデルが真似しにくかったわけ

なぜ他社はDELLの真似をしなかったのでしょうか？

初期のDELLは**ターゲットを大企業や官公庁に絞り**ました。故に細かいサポートやブランド力（つまり広告宣伝）が必要なく、素早い納入、カスタマイズ力、低価格だけで戦えました。**全国規模での保守サービスは必須でしたが、それはゼロックスや、宅配サービス会社のUPSに任せました。**必要だったのは「現地で修理すること」ではなく「不良品を完動品と交換すること」だけだったからです。**DELLに高コストなディーラー網は不要**でした。

しかし競合他社はそうではありませんでした。**IBM**の主力商品であったメインフレーム・コンピュータでは**営業の人間関係や提案力が必須**でした。**コンパック**は、中小企業客も対象にしていたため、そこに広くリーチしてサポートするには、**ディーラー網を切るわけにはいきません**でした。

ターゲットとバリューを絞り、そこに必要な機能だけを組み合わせたDELLの組織は、簡単に真似できるものではなかったのです（44頁参照）。

---

[21] George Stalk Jr.（1951〜）

31 R&D

もっとも
秘密主義の
R&Dさえが、
外に開く時代。

基礎/応用/開発研究
オープン・イノベーション
A&D
コネクト+ディベロップ

シスコシステムズ
P&G
味の素

R&Dは3領域に分かれる

もし企業がまったく新しい技術によって競合に差を付けようと思うなら、自分でその原理を発見、研究、実用化させないといけません。それがR&D（アールアンドディ）(Research and Development：研究開発）機能です。

一般にR&Dは次の3種類に分かれ、各々の役割は大きく異なります。

- **基礎**研究：新たな科学技術を発見し、立証することが目的。新たな知見（ちけん）が得られれば、企業の知的財産として保有できるが個別プロジェクトの成功確率は数％レベル
- **応用**研究：上記で得られた新技術の実用化を探ることや既存技術の応用探索が目的。成功確率は数十％か
- **開発**研究：実際に新商品を開発したり、既存商品やプロセスの改善が目的。成功確率は80％程度か

各領域での成功確率は業界や企業で大きく異なりますが、いずれにせよ**異質なのは基礎研究**です。何に応用が利（き）くかわからないハイリスクなテーマに投資することが、現業（げんぎょう）を背負った事業体には難しいため、その部分は大学や公的研究機関が担う例も多くみられます。

自社を開き、普及力と「買収・開発」で生き残ったシスコ

オープン・イノベーションという概念を世に広めたのは、カリフォルニア大学バークレー校の**ヘンリー・チェスブロウ**[22]です。**『Open Innovation』**（2003）で彼は、自社技術や能力に頼ったイノベーションは（コスト・リスク・時間の面で）限界があること、他社の力を活用することで大きなイノベーションが生み出せることを示しました。

ネットワーク機器の**シスコシステムズ**（1984創業）は、浮沈（ふちん）の非常に激しいこの業界で30年もの間トップカンパニーであり続

22 Henry Chesbrough（1956〜）

けています。シスコはITメーカーでありながら、自社技術にこだわりませんでした。外部から買える技術は買って済ませ、優れた技術を持つ企業があれば提携や買収によってその技術を丸ごと取り入れました。同時に、特許を積極的にライセンス・アウトしたり、主要な技術を公開したりすることで**シスコ方式を世界標準にし、自社製品が世界中で使えるように**してきました。

- **普及**：自社の主要技術を公開もしくは安くライセンス・アウトすることで、業界のデファクト・スタンダードにする
- **販売**：それに沿ったネットワーク商品をリーダー企業として、いち早く世界で売り回る
- **開発**：しかし技術は自社由来（ゆらい）にこだわらず、ベンチャー企業のそれを買収により取り入れ、中央研究所などは持たない

こういった手法は、R&Dではなく「**A&D**（買収・開発）」[23]とも呼ばれています。

シスコは93年から2009年までの17年間で139社を吸収することで、**技術開発の幅とスピードを両立させ、自らの陳腐化を防ぎ続けました。**

■ **シスコのA&D（1993〜2009）**

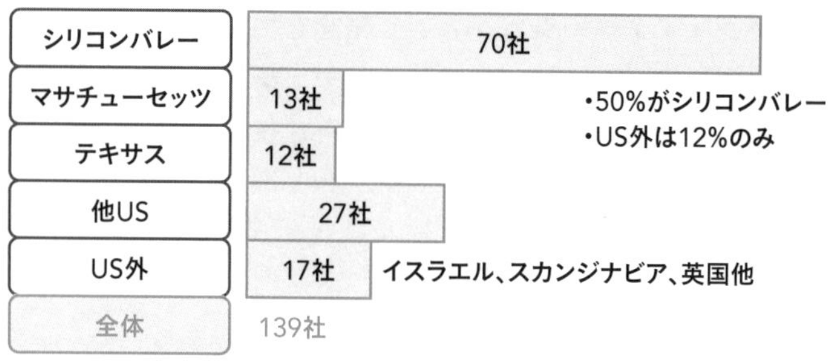

出所：http://www.startup-book.com/2009/11/04/ciscos-ad/ より作成

[23] Acquisition and Development

P&Gは研究開発のオープン化に挑む

P&Gは2000年から「**コネクト＋ディベロップ**」[24]と称して、自社の開発テーマをネット上で公開し、外部からの技術・アイデア提供を求める方式を推し進めてきました。つまりは、自社の開発テーマが競合他社に漏れるマイナスよりも、**衆知を集めて素早く商品開発することのプラスを評価**しているのです。

今や、P&Gの出す**新製品・サービスの半分はここから**生まれています。

日本企業も例外ではありません。**味の素**は2012年に入って、**東レ、ブリヂストン、花王との提携**を発表しました。東レとは植物原料からナイロンをつくる共同研究、ブリヂストンとは植物由来の合成ゴムの共同開発、花王とは健康診断による生活習慣病予防などの共同事業のため。すべてアミノ酸絡みです。

味の素はここ数年、自社の**アミノ酸を中核とするコア技術を世に開示**し、提携・共同開発することで、新しい価値創造に取り組んでいます。保有技術のビジネス化のために、オープン・イノベーションに舵を切ったのです。

■P&Gのコネクト＋ディベロップ

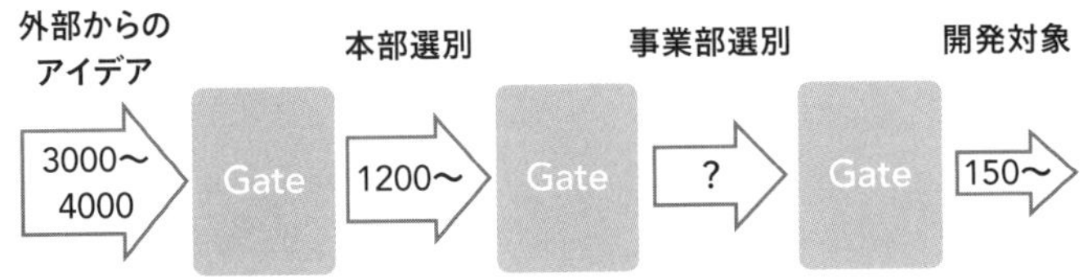

出所:『毎年5%成長 P&G「世界的ヒット」連発のカギ』PRESIDENT Onlineより作成

[24] Connect + Develop(C＋P)

32 業務改善：QC、TQC、5S

全員・データ野球の QC活動は、ユニコーンに勝てるのか。

統計的品質管理手法
QC 7つ道具/サークル
TQC
5S

ホンダ

デミングの統計的品質管理手法を学んだ日本企業

1970年代以降、世界を席捲したのは資源のない極東の島国、日本の企業群でした。**その成長にもっとも貢献した外国人をもし1人挙げるとすれば、それは間違いなくエドワーズ・デミング**[25]その人でしょう。

彼は第二次世界大戦後の1947年、日本政府が行った国勢調査支援のために来日します。数学と物理学の博士号を持ち、統計のプロであったデミングは、その**品質管理手法が、製造現場だけでなく経営全般に活かせる**ことを理解していました。それが、日本科学技術連盟（日科技連）の目にとまります。

デミングは以降、何度も日科技連などに招かれ、多くの日本人経営者、技術者、学者にその考えを伝えることになりました。「規模に頼らずとも、**品質を上げればコストも下がり、顧客満足も上がる**」「そのためには**統計を駆使して、モノだけでなくプロセスの品質を上げよ**」と。

日本企業は彼の統計的プロセス制御や品質管理技法を深く理解し、それを製造現場における**QC（Quality Control）活動**や、それを全社に展開した**TQC活動**に発展させていきました。

QCを支えた7つ道具とサークル活動

日本のQC活動を支えたのは「**7つ道具**[26]」と「**サークル活動**」でした。

7つ道具のうち、その目的と手法が明確なものを3つ。

- **パレート図**：不良や故障を、その現象別や原因別で多い順に並べることで対応の優先順位を決められる（次頁図）
- **特性要因図**：上記の原因把握の際に、関連すると思われる要因を魚の骨状にブレイクダウンしていくことで、重要項目の漏れを防げる

---

[25] W. Edwards Deming（1900〜1993）。『経営者のための品質管理』（1950）など。
[26] パレート図、特性要因図、チェックシート、ヒストグラム、散布図、管理図、層別の7つ。

・**管理図**：横軸に時間やロット番号、縦軸に各ロットでの測定値（液量など）とその管理限界線（バラツキで許される上限と下限の線）を描くことで、不良を発生前に防げる

これらは、70年経っても未だに役立つ概念であり手法です。

QCサークルは1962年、QC手法を学ぶことを目的に立ち上げられました。その後、各企業の製造現場での品質改善活動を担う核となり、**ボトムアップでの生産性向上を行う小集団活動へと発展**しました。

日本がQCを学び始めていた頃アメリカでは、**製造工程だけにとどまらない全社的品質管理（TQC）**がGEの品質管理部長によって提唱されていました。製造工程だけでいくら品質を高めても、他のSCMやCRMプロセスでの品質が低ければ、結局顧客の要求には応えられないからです。**トップ自らが全部門での品質改善プロセスを回すトップダウン**が重視されました。

■パレート図による改善効果の表し方

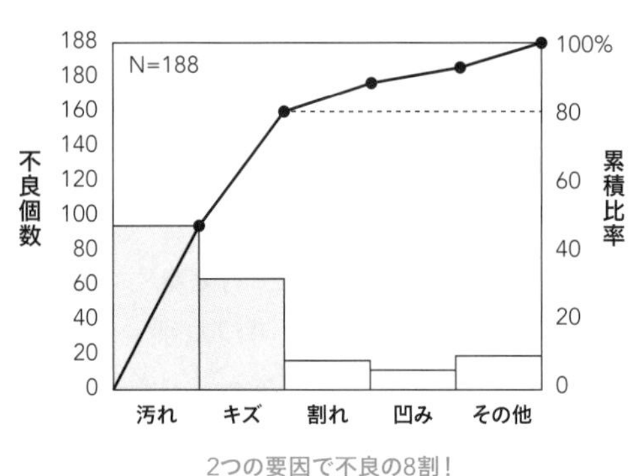

Copyright © KAIZEN BASE, Inc. All Rights Reserved.

TQCは60年代以降日本でも取り入れられましたが、その対象は品質だけでなく、コストや納期などへ拡がっています。

5Sはまず整理・整頓から

日本で生まれた現場改善活動**5Sは、**「**整理**（**S**eiri）」「**整頓**（**S**eiton）」「**清掃**（**S**eisou）」「**清潔**（**S**eiketsu）」「**しつけ**（**S**hitsuke）」**の頭文字**を取っています。

その起源には諸説ありますが、**本田宗一郎**[27]が海外の工場を見学してその清潔さに感銘を受け、社員に清掃の意義を説いたことに始まるとか。1953年の『ホンダ社報』に曰く「従業員諸君に、私が『工場を綺麗にするように』と、云うのは、外面を繕うためではありません。**工場を汚くし、不整理、不整頓のままにしておいて顧みないような心からは、決して、優れた製品は生まれない**からです」。彼は従業員の安全のため、優れた商品をつくるため、**清掃と整理・整頓の3Sを徹底**しました。トヨタが清潔を加えて4Sにし……。

経営コンサルタントの鍜治田良によれば、効果が出る5S活動のためにはやはり「**まずは整理と整頓**」。

「**整理とは、不要なものをちゃんと捨てること**」「**整頓とは、必要なものが必要なときに取り出せるようにすること**」だと言います[28]。ただ綺麗に並べることが整理整頓ではないのです。

『夢をかなえるゾウ』（2007）で主人公（？）ガネーシャは成功への課題を29個示します。その「6. トイレ掃除をする」が上記の「宗ちゃん」の話。気になる方は、ぜひ読んでみてください。

戦後の日本企業を救ったのは、**データに基づいた全員参加型のQC、TQC、5S活動**でした。でも現代、**これらだけでは海外のユニコーン企業たちに勝てません。**別の武器が必要です。

---

[27] 本田技研工業（ホンダ）の創業者（1906～91）
[28]『5S活動の基礎講座』鍜治田良（2023）

33 業務改革：BPR、ベンチマーキング

モノマネも、
極めれば
変革となる。
本気でやるなら、
より遠くから学べ。

リエンジニアリング / BPR
ベンチマーキング
ベスト・プラクティス

ゼロックス
フォード
サウスウエスト航空

ハマーとチャンピーの『リエンジニアリング革命』

MITで学んだバリバリのエンジニア、マイケル・ハマー[29]は、1990年**『リエンジニアリングの作業 〜 自動化するな、破壊せよ』**(obliterate)をハーバード・ビジネス・レビューに発表します。93年には経営コンサルタントのジェイムス・チャンピー[30]との共著でベストセラー**『リエンジニアリング革命』**を出し、**BPR**(ビーピーアール)[31]**(リエンジニアリング)**という概念を世に広めました。

90年代中盤にはフォーチュン500社のうち60%が「リエンジニアリングに取り組んでいる(もしくは取り組み予定)」と答えるほどの一大ブームとなりました。

『リエンジニアリング革命』でハマーたちは主張しました。

- QC的改善ではなく**抜本的改革**を目指せ
- 社内志向ではなく徹底的に**顧客志向**であれ
- 中央集権の管理志向でなく**現場に権限委譲**せよ(エンパワーメント)
- **情報システム**を活用し**組織を一体化**せよ

■ BPRの目的と手法

	BPR(業務改革)	業務改善
目的	企業目標の達成	業務の効率化/生産性向上
対象範囲	企業活動全体	部門単位
推進方法	トップダウン	ボトムアップ
手法	BPO、ERP、シェアードサービス、シックスシグマ等	QCサークル、5S、マニュアル化、手順見直し等

[29] Michael Hammer(1948〜2008)
[30] James Champy(1942〜)
[31] Business Process Reengineering

でもこれらを本気で実現しようと思ったら、戦略も組織もプロセスも、情報システム基盤も総取替(そうとりかえ)になります。

実際に採用されたのは、コールセンターなどの非中核業務を外部化(アウトソーシング)する**BPO**[32]や、全社的な統合的IT基盤ソフトを導入するERP(151頁参照)などでしたが、**あまりの実現の困難さと誤用(ごよう)の末に「リエンジニアリング」熱は一気に冷めてしまいました。**BPR提唱者の1人だったトーマス・ダベンポート[33]は95年の論文で冷静に振り返ります。

- BPRは抜本的改革でなく、事業スリム化・縮小(雇用削減)の道具にされた
- 完了したBPRプログラムのうち、**67%は平凡もしくは最低限の結果しか生んでいないか、失敗した**[34]

さらに彼は『リエンジニアリング革命』で成功例とされた3社[35]のことも調べ、その失墜(しっつい)を報告しています。

ゼロックスの反攻。競合に学べ!

1970年代はゼロックスにとって受難(じゅなん)の時代でした。70年にはキヤノンが普通紙複写機市場に参入し、リコーやミノルタがこれに続き、75年にはアメリカ企業の訴えが通ってせっかくの特許がふいになりました。結果**ゼロックスの市場シェアは急落し、82年には13%にまで落ち込みました。圧倒的なポジショニングの強みが、あっという間に失われた10年**でした。

しかし、簡単に屈する会社ではありません。経営陣は「品質・時間・コスト」のすべての面で自社が日本企業に劣っていたことを謙虚に認め、企業革新を強力に進めました。そのための手法がTQC(174頁参照)を**全社的な経営戦略とつなげた「TQM(Total Quality Management)」の導入であり、「ベンチマーキング」の活用による体系的な業務改善**でした。後者は**他部署や他企業の優れ**

---

[32] Business Process Outsourcing
[33] Thomas Davenport(1954〜)
[34] CSCインデックス自身の調査結果。

た事例（ベスト・プラクティス）から、目標やプロセスを学ぶ手法です。

79年、ゼロックスがまずやったことは「安くて高品質な」競合機自体をバラして調べることでした。その品質やコストに驚いた経営陣は戸惑いながらも、その秘密を探るべく日本の富士ゼロックスに調査チームを送り込みます。

その助けを借りて競合の開発・生産・販売プロセスを調べたゼロックスは、自分たちが「市場でなく工場の現場レベルで既に敗北していた」ことを深く理解します。

その学びは即座に生産活動、そして物流活動で活かされ、ついには全社のすべての活動にわたって「ベンチマーキング」をその標準手順に組み入れるまでになりました。

業界外のベスト・プラクティス、LLビーンに学べ！

競合相手の商品をバラして秘密を探る「リバースエンジニアリング」に始まったベンチマーキングは、ゼロックスによって、**内部ベンチマーキング**（社内比較）、**競合ベンチマーキング**（業界内比較）、**機能ベンチマーキング**（業界外比較）、などに展開され、深掘りされました。（次頁図）

ゼロックスは**倉庫業務を、アウトドア用品通販のLLビーンに学び**ました。多品種化が進んだアパレル関連の倉庫では、ピッキングリストが自動で作成され、台車の位置が指定され、梱包順や箱の大きさも指定されていました。これらを応用することでゼロックスは、在庫200万ドル分削減などの成果を上げました。

また**請求業務をアメリカン・エクスプレスに学び**、顧客満足度を38％向上させつつ、間接事務費を50％、資材調達費を40％カットすることに成功しました。

いずれも業界外のベスト・プラクティスから学ぶ機能ベンチ

---

[35] IBMクレジットでの融資審査時間短縮、フォードでの支払い業務効率化、コダックでの商品開発期間半減。なぜか2010年の三菱UFJリサーチ＆コンサルティングによる「BPR調査研究」では成功事例として載っているが要注意。

マーキングの好例です。**ゼロックスは日本企業が無意識のうちに行っていた改善調査活動を「ベンチマーキング」という名で体系化し**、日本企業への反攻(はんこう)を開始します。そして、89年には市場シェアを46%にまで伸ばしました。

フォードを救ったベンチマーキング

こういった「他と比べて目標を立てる」「他と比べてやり方を学ぶ」方法は、それまでの改善活動（QCやTQC）にはなく、大きなジャンプを生み出す方法として広まっていきました。

1980年に15億ドルもの損失を出して窮地に陥った**フォードは、日本を筆頭とする世界中の自動車メーカーにベンチマーキング部隊を送り出し**、そこから学ぼうとしました。400項目にわたるその調査結果はフォード経営陣によって真剣に検討され、「**部品点数の大幅削減**」「**車種別開発部隊（チーム・トーラス）**」などが次々導入されていきました。

フォードの社運を賭けて開発費30億ドルが投じられたフォード・トーラス(Taurus)は、85年に発売され即座に大ヒットとなりました。初代トーラスは最盛期には年産100万台、5年累計で200万台を超える記録的セールスとなり、フォードを救ったのです。

■ **ゼロックスのベンチマーキング（BM）**

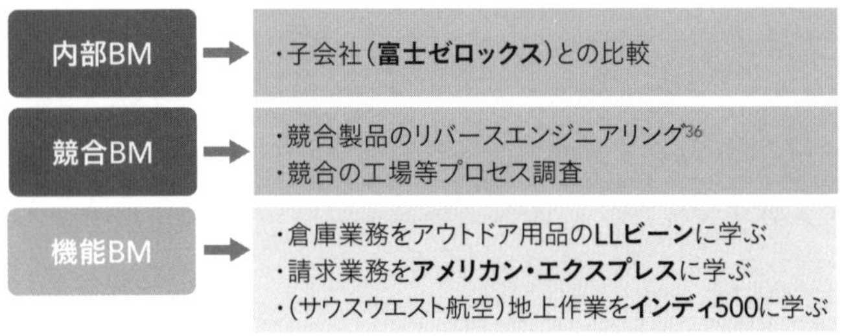

[36] 分解などによってその部品や生産方法、生産コストなどを分析すること。

ゼロックスで長年、ベンチマーキング活動を担当したロバート・キャンプ[37]は89年に**『ベンチマーキング – 最強の組織を創るプロジェクト』**を出版して言いました。

「ゼロックスでのベンチマーキングとは単純だ。**ベスト・プラクティスを見つけてそれを自社に適用・実行する**（implement）ことなのだ」

それはそのまま、彼が95年に出版した『ビジネス・プロセス・ベンチマーキング』の副題となっています。

さあ、ベスト・プラクティスを見つけましょう。それは社内のどこかに眠っているかもしれません。そして遠い国や他業界にも。でも、**もし本気でジャンプを目指すなら、より遠くから学ぶこと。サウスウエスト航空**（**203頁参照**）**はインディ500のピット作業**をベンチマークすることで、地上作業の時間短縮を図りました。なぜならそここそ、0.1秒の遅れが勝敗を決める[38]場所だったから（左頁図参照）。もっとも革新的で、かつ確実な時間短縮法が試みられているはず。

1940〜90年代は、徹底した**ボトムアップ**のQC活動で品質管理と**コストダウン**に成功した**日本企業**と、**トップダウン**の全体活動（TQC、TQM、BPR）や**他業界からも学ぼう**（ベンチマーキング）とした**欧米企業との戦い**の時代でもありました。

---

[37] Robert C. Camp (1935〜)

[38] 通常6回以上ピットインするので、0.1秒の遅れは60mのリードを帳消しにする。

3 章のまとめ

オペレーションとは

経営戦略もマーケティングも大切ですが、**企業活動の9割はオペレーション**です。ヒトもモノもカネも、**SCM**や**CRM**に代表される日々のオペレーション活動に注ぎ込まれています。その構築や運営に失敗したらどうしようもありません。1993年、瀕死のIBMに送り込まれたガースナー(192頁参照)は、マネジャーたちに迫りました。「洒落(しゃれ)たビジョンも戦略も要らない」「顧客に何が必要か聞いてこい」「現場に行って何が問題か見つけてこい」と。**オペレーションが先、戦略は後、の立て直し策**でした。

SCMを磨き上げて成功したトヨタとAmazon

1983年、**調達から顧客までつなぐ供給機能活動をまとめてSCM**と呼んだのはブーズ・アレン・ハミルトンでした。**生産も調達も物流も**バラバラではダメ、その隙間(すきま)にこそ問題がある、だから**一体として管理しよう**、と。でもそういう問題意識が生まれたのは、**1970〜80年代、オペレーションに優れたホンダやトヨタが欧米市場で躍進(やくしん)**したからでした。特にトヨタの生産方式は独特で、その根幹は「**在庫は悪**」という考え方でした。在庫はもともと、各工程での生産性を高めるためのバッファーで、それをどう最適化すべきか、がテーマでした。でもトヨタは在庫を「すべてのまずさを覆い隠すもの」「ムダの元凶」と位置付け成功を収めました。

またAmazonはネット書店としてスタートしましたが、調達した**資金を注ぎ込んだのはネットそのものではなく物流センター**

でした。ネットバブルの崩壊で株価が22分の1になったときも全米各地での巨大で高効率な独自の物流センター構築から手を引くことはありませんでした。なぜならそれこそが他のEC会社と決定的な差を付けるものとわかっていたから。

しかし今、独自性を追求し続けた日本企業のオペレーションは、**ERP**（**SAPなど**）**といった標準システムの力に屈しよう**としています。**やるならAmazonレベル**（**業界標準になる**）**で**やらないといけない、ということでしょう。

暗黒大陸CRMで差を付けたエディオン

マーケティング、セールス、サービスといった対顧客活動を統合する概念がCRMです。ヒトの要素が大きく、変革が大変なオペレーション領域でしたが、1990年代末から**アクセンチュア**などがその変革手法をCRMとして広めました。

そこで先進事例ともされたのが**エディオン**（**デオデオ**）でした。家電量販店でありながら、「パトカーより早い」と言われた独自の**自社修理サービス**（**故障修理など**）**力**を構築し、そこで得られた顧客情報をDMマーケティングやサービスコールに活用するなどして優位性を築きました。

しかし**営業領域での標準システムであるSFA**を展開したのは、やはり**セールスフォース**など欧米企業でした。

R&Dと業務改革・改善手法など

この章では他に、主活動の最初である**R&D**について、シスコやP&Gの**外部に開いた手法**（**A&DやC＋D**）を、そしてオペレーション全般に対する**業務改革・改善手法**を紹介しました。**BPR**や**ベンチマーキング**、**QC・TQC・5S**と略称のオンパレードでしたが、もしピンとこなければ173頁に戻りましょう。

4章

人・組織

最強のリソース

34.人（HRM）とは

モチベーションが、すべてを**凌駕**する。

35.リーダーシップ（カリスマ型、サーバント型）

リーダー次第でリンゴも**熱狂**し、**巨象**も**踊る**。

36.リーダーシップ（協調型）

オープン・イノベーションの気持ち**悪**さに**耐え**よ。

37.企業・組織文化：革新を生み、阻むもの

社長だけは、失敗を「**企業文化**のせい」と言えない。

38.教育研修

よい**研修**には

ヒトに**言葉**と**スキル**を

与え、**組織**を

変える力がある。

39.組織とは

組織とは、**戦略**を実現しヒトを**生産的**にする**枠組**み。

40組織構造：ピラミッド対フラット、集権化対分散化

大きくなれば**遅く**なる。それを**打ち破る**には、**分権化**しかない。

41.目標策定・管理：バランスト・スコアカード、学習

株主価値偏重を**正す**ための、**バランスト・スコアカード**

34 人（HRM）とは

モチベーション

が、

すべて

を

凌駕する。

モチベーション研究
非公式な組織
人間関係論
HRM

ホーソン工場

テイラーやメイヨーによるモチベーション研究

企業能力（ケイパビリティ）**の中核はもちろんヒト**です。オペレーションの仕組みがどんなに優れていようが、生産・販売プロセスがすべて自動化されていようが、それを改善＝改革するヒトが弱ければすぐ陳腐化して敵に負けてしまいます。**ヒトこそが意思決定し、柔軟に試行錯誤していくことができる**のです。

ヒトの生産性を上げるためのカギとして**フレデリック・テイラーは**、作業自体の効率化とともに**賃金を重視**し、**ある作業量を超えたら賃率が上がる段階制**を取り入れました。作業量100を基準として賃率が1.5倍になるのなら、余力のあるヒトは200を目指すでしょう。賃金が3倍になるのですから。そして余力のないヒトも120まで頑張るかもしれません。賃金3割増しです（27頁参照）。

一方、**エルトン・メイヨーは、賃金以外の要素がヒトの生産性**

■ホーソン工場のリレー組み立て作業実験

Front View of Relay Assembly Test Room, ca. 1930
(Western Electric Hawthorne Studies Collection)

などに大きく関わることを見い出しました。電話機を製造するホーソン工場におけるリレー組み立て作業実験（1927～32）では、照明の明るさや、休憩時間などさまざまな作業条件を変えましたが、被験者6人はその生産性を上げ続けました。被験者として最初に2人の熟練工が選ばれ、彼女らが残りの4人を選びました。被験者6人の「従業員100人の中から**自分たちだけが選ばれた**」という**プライドや互いの連帯感が、すべての悪条件に打ち勝った**のです。

さらにその後行われた従業員2万人対象の**面接調査**では「**上司・部下が面談をするとその部署の業績が上がる**」ことがわかりました。内容によらず、です。**従業員の互いの理解や親近感が、生産性を上げました。**

労働意欲（モチベーション）は人間関係で決まる

会社の定めた仕組みやルールを押しつけてくる厳格な上司よりも、チームや個人の状況に耳を傾け裁量（さいりょう）権を与えてくれる上司のもとでこそ士気は上がり、生産性は上がりました。

同僚たちとの関係が良好で、公式（フォーマル）な組織と非公式（インフォーマル）組織（職場内派閥や仲良しグループ）がちゃんと一致している職場でこそ、生産性は上がりました。

他の実験の結果も踏まえて、メイヨーは結論を出します。ヒトとはパンのみによって生くるにあらず、と。

- ヒトは経済的対価より**社会的欲求の充足**を重視する
- ヒトの行動は合理的でなく**感情に大きく左右**される
- ヒトは公式な組織より**非公式な組織に影響**されやすい
- ヒトの労働意欲は故に、客観的な作業環境の良し悪しより**職場での人間関係に左右**される

メイヨーを始祖（しそ）とする「**人間関係論**」はマズローたちのモチ

ベーション論（欲求階層説：95頁参照）、リーダーのあり方を問うリーダーシップ論（191頁参照）やコーチング論、組織全体を陰で支配する企業文化論（199頁参照）などへと発展していきました。

ヒト資源を調達・育成・管理するのがHRM

こういった**ヒト資源を管理するHRM**（エッチアールエム）(Human Resource Management) は、**その質（スキルとモチベーション）と量（人数）を確保するための活動**であり、採用・退職、評価・給与・人事制度、人材配置、教育研修・人材育成などに分かれます。

一般的には事業側と人事部などで分担して行っていますが、日本人の**モチベーションアップに一番効く「職場の人間関係」は、究極の難問**として存在し続けています。

そのために、「**ワンオンワン・ミーティング**[1]」や「**メンター制度**[2]」、「**360度評価**[3]」といったさまざまな手法が編み出されていますが、これはおそらく永遠のテーマなのでしょう。

この4章ではまず**人**（HRM）関係で、**リーダーシップ論**と**企業・組織文化、教育研修**を取り上げます。

その後、この章のもう1つのテーマである**組織**マネジメントを解説します。

---

[1] 1on1meeting：上司と部下が1対1で業務外のテーマで行うもの。
[2] mentor：上司以外の上位者を助言者として部下につけるもの。
[3] 上司からだけでなく、同僚や部下、自己による評価を統合するもの。

35 リーダーシップ①〔カリスマ型、サーバント型〕

リーダー次第で
リンゴも**熱狂**し、
巨象も**踊る**。

カリスマ型リーダーシップ
瀕死の巨象
官僚型リーダーシップ
サーバント型リーダーシップ

Apple
IBM

ジョブズはAppleを恐怖と熱狂で支配した

ある組織の頂点に立つ者がリーダーであり、その者のあり方をリーダーシップといいます。

1940年以降さまざまな研究がなされ、その果たすべき機能は何か、その資質や性格はどうあるべきかが探られました。しかしそれは状況次第です。すべての状況に適応する、唯一最善の**普遍的リーダーシップは存在せず、リーダーの特性や行動は部下の成熟度や組織の硬直度で変わる**でしょう。これを**コンティンジェンシー理論**[4]といいます。

まずは停滞期打破に必要な「**カリスマ（支配）型リーダーシップ**」をみてみましょう。

1990年代、**停滞に陥ったAppleが必要としていたのは組織や商品の破壊的な再創造**でした。一度はクビにしたスティーブ・ジョブズを招聘した当時のCEOや役員陣は逆に彼によって放逐され、ジョブズは直後、既存商品ラインの9割以上を叩き切り、全社の総力を上げて**iMac**を開発し投入します。その独創的機能やデザインは大ヒットし「トランスルーセント・スタイル」の祖となりました。

ジョブズは明らかにカリスマ型のリーダーです。恐怖と熱狂によって役員や従業員を鼓舞し、Appleに史上最大級の成功をもたらしました。

しかしカリスマによる絶対支配は、組織に強い副作用をもたらします。

- トップの独善化（誰もトップに意見や修正ができない）
- 社員の自律性低下（みな上を見て働く）
- 後継者の育成難（カリスマの代わりは誰にも務まらないし育てられない）

これらから逃れるのは極めて難しく、多くのカリスマ経営者が苦しんでいます。

---

[4] 金井壽宏（かない としひろ）「リーダーシップ論を振り返りながら考える、今後求められるリーダー像」（2018.07.06）

ただ停滞期でも、ジョブズのようなカリスマ型リーダーシップだけが答えではありません。むしろ部下たちを支配でなく**支え導く「サーバント（支援）型リーダーシップ**[5]」がより有効な場合も多いのです。

巨象IBMをサービス会社に変えたガースナー

1992年、世界最大のコンピュータメーカーIBMの税引き前損益は、90億ドルもの大赤字でした。インターネットにやられたわけでも、PCで失敗したからでもありません。自らの大きさに負けたのです。結局、前後3年で計150億ドルもの赤字を積上げ、**IBMは「瀕死の巨象」といわれました。あとは解体して身軽にするしかない**と。

93年4月、初の社外出身CEO**ルイス・ガースナー**[6]が指名されました。しかし彼は周囲の「期待」に反してIBMを解体はせず、**一体のままサービス会社に変革する**ことを選びました。

彼は部下たちに**自律**を求めました。「ビジョンなんか必要ない。**求められているのは市場に合った戦略**だ」「市場に出て、市場で日々行動を起こせ！」（182頁参照）

■サーバント型リーダーシップとは

支配型：上司のための部下

権限で影響　指示・命令

サーバント型：部下のための上司

ビジョン共有　傾聴・支援

---

[5] 1970年、ロバート・グリーンリーフ（1904~1990）によって提唱された。「真のリーダーはフォロワーに信頼されており、まず人々に奉仕することが先決である」と主張する。

それでも当初、組織はなかなか変わりませんでした。外様のガースナーに反抗したからではありません。逆に役員たちはみな、即座にシャツの色をガースナーと同じにするくらい上司には従順で、現場ではどんどんトップセールスを仕掛ける腕力を持ち、でも手続きはしっかり守る「優秀な」人たちでした。でもそれ故にダメでした。そういった**上意下達の「官僚型リーダーシップ」ではサービス業にはなれなかった**のです。ガースナーはIBM社内を調べ、ソリューション・ビジネスに適応し成果を上げていたリーダーたちのやり方を調べ上げました。

- **スタイル**：率先垂範ではなくチームの力を引き出すことを重視。自分は前面に出ない
- **意思決定**：手続き重視の階層型でなく即断即決のフラット型
- **モチベーション**：業績目標達成だけでなく、他者をよく変えること自体に喜びを見い出す

ビジネスのサービス化（BaaS）[7]**実現には、自律型のリーダーシップ体制**（多くのマネージャーが自律的に動けること）**が必要**だったのです。ガースナーは**世界中から300人のベストリーダーを選抜し、新しい「サーバント型リーダーシップ」を教育・普及すること**に努めました。

それからの9年間でIBMは売上を250億ドル伸ばしましたが、そのほとんどが、**サービス事業**からのものでした。後にガースナーが出した本の書題は**『Who Says Elephants Can't Dance?』**

ガースナーの下で、巨象は見事に踊ったのです。

[6] Louis V. Gerstner, Jr.(1942〜)。AMEX、RJRナビスコで8年間CEOを務めた後、IBMでCEO及び会長を9年間務め2002年12月退任。
[7] Business as a Service

36 リーダーシップ②〔協調型〕

リーダーは、オープン・イノベーションの気持ち悪さに耐えよ。

オープン・イノベーション
コラボレーション型リーダーシップ
変革を担うリーダーシップ

P&G

ラフリーはP&Gを穏やかに「小ユニットによるネットワーク型組織」へと変えた

IBMが復活を遂げていた頃、今度は世界最大の家庭用品メーカーP&Gが危機を迎えていました。

98年にCEOとなった生え抜きのダーク・イェーガー[8]は、「機動的な組織」による「ハイペースなイノベーション創出」を目指し、独自の研究開発の重視[9]、製品開発力の強化とスピードアップ、官僚型組織の破壊、特許出願の推進などの改革を推し進めました。しかしその変革はあまりに急激で、コスト削減（研究開発を除く）の嵐の中、目標だけが高く掲げられ、新商品は軒並み不発に終わりました。

2000年にイェーガーの後を受けた新CEO**アラン・ラフリー**[10]は、主要ブランドへの資源集中を図るとともに、より確実な改革に取り組みました。ただラフリーは前任者と同じく勤続23年の叩き上げでしたが、**自社偏重ではなく外部の視点や資源を重視**していました。

- 「**消費者がボス**」：消費者情報収集や分析を強化し、消費者の生活実態やよく見るウェブサイト調査なども行った
- 「**オープン・イノベーション**」：製品開発をオープン化し、社内技術の半強制的ライセンス・アウト、社外技術の積極的な取り込み（**C+D**）を図った（171頁参照）

ラフリーがCEOに就任した年、P&Gの新製品のうち、社外からアイデアや技術、商品が採用されたものは2割以下でしたが、06年には3分の1以上になり、今や半数が外部のものです。

フォードのリバー・ルージュ式[11]の**垂直統合的な中央研究所は解体され、各々が明確な目的を持った「小ユニット」に再編**されました。それらが世界中の企業や社外の研究者たちとつながって、新商品を生み出していく仕組みです。

[8] Durk Jager（1943〜2022）
[9] 研究開発費を売上高比で3%から5%へ増額した。2000年には19億ドルに。
[10] Alan G. Lafley（1947〜）

この**オープンな、ネットワーク型の組織・プロセスは、とても複雑で、不確実**です。実際そこから、さまざまなヒット商品が生まれましたが、じゃあ来年、新たにどんなつながりが生まれるかの予測など不可能ですし、その売上インパクトなどわかるわけがありません。

こういった**気持ち悪さ**にイェーガーのような**従来の支配型リーダーたち（カリスマ）は、耐えられません。『インビジブル・エッジ』**でエッカートらは、フォードのコスト・カッター[12]といわれたジャック・ナッサー（2001年解任）、エンロン（2001年破綻）のジェフ・スキリング（不正経理などで禁固24年）、ワールドコム（2002年破綻）のベルナルド・エバース（粉飾決算などで禁固25年）たちもそうであったと指摘しています。

分散化されたネットワーク型組織の時代には、こうした支配型リーダーシップのCEOではなく、専門性や外部との協力を重視し、複雑性や曖昧さに耐えられる「コラボレーション（協調）型リーダーシップ」のCEOが必要なのです。

オープン・イノベーションの気持ち悪さに耐えた**ラフリー**は多くのメガブランドを育て上げ、05年、ジレットの買収にも成功し、**P&Gの売上を倍増**させました。最初はラフリーのことを「ちょっと間抜けな新任の大学教授のよう」と評していたビジネス誌（FORTUNE）も、あっという間に彼を「名経営者」と讃えるようになりました。

2010年にいったん退任したラフリーでしたが13年、65歳でCEOに復帰。多くの事業売却を進め、P&Gを身軽にしました。再び世界で踊れるように。

---

[11] T型フォード量産のためにルージュ川沿いにつくられた工場。鉄鋼、化学プラントから組立工場、出荷のための運河まで、すべての機能が集約されていた。

[12] 人員削減などコスト削減を中心に経営する者のこと。

コッターの変革8ステップと落とし穴

少し遡(さかのぼ)って1980年代、多くのアメリカ企業が変革に迫られていました。リーダーシップ論も単なる統率でなく変革がテーマになります。しかしこういった変革には失敗がつきもので、その研究からHBSの**ジョン・コッター**[13]は88年に、**変革型のリーダーシップ像**を示しました。

そこでは**既存の課題を解決する「マネジメント」と変革を担う「リーダーシップ」を分け、それぞれのあり方と手法を対比**させています(下図)。

コッターはこういったリーダーには「**外交的な対人態度**」と「**高いエネルギーレベル**」**が必須**であるとしています。そうでなければ、落とし穴に満ちた変革プロセス[14]は越えられないのだ、と。この発展形が、サーバント型リーダーシップであり、コラボレーション型リーダーシップなのです。

■コッターのリーダーシップ論

	マネジメント	リーダーシップ
課題の特定	計画の立案と予算策定	針路(ビジョン)の設定
人の動かし方	組織化と人員配置	メンバーの心の統合
課題の達成	コントロールと問題解決	動機付けと啓発
	↓ 既存の課題を解決する	↓ 変革を担う

[13] John P. Kotter(1947〜)「変革の8段階プロセス」が有名。
[14]『Leading Change』(1996)では、1危機意識、2推進チーム、3ビジョン策定、4ビジョン伝達、5社員サポート、6短期的成果、7成果定着、8アプローチ定着、を挙げた。

37 企業・組織文化：革新を生み、阻むもの

社長だけは、
失敗を
「企業文化の
せい」と
言えない。

企業・組織文化
7S
HONDA WAY

マッキンゼー
ホンダ / HAM

企業固有の価値観や行動様式が企業・組織文化

「文化」は坪内逍遥（しょうよう）がculture（カルチャー）を日本語訳した造語です。人間が土地を耕し、種を蒔（ま）いて育てることがcultivate（カルチベイト）[15]つまり**文化とは自然のままでなく、人間がコツコツ手をかけてつくり上げたもの**なのです。

エドワード・バーネット・タイラー[16]によれば、文化とは「ある社会組織の成員が共通に持つ知識、信仰、芸術、道徳、法律、慣行、能力、習慣を含む総体」です。要素が多過ぎてわかりにくいですが、**一般的に「企業・組織文化」とは「企業や組織の社員の間で（意識的あるいは無意識的に）共有されている価値観や行動様式」のことを指します。**

時に企業文化はあまりに強力で、あらゆる成功の、そして失敗の原因とされます。「大企業病のせいで新規事業が生まれなかった」とか。

■企業・組織文化が事業を陰で支える

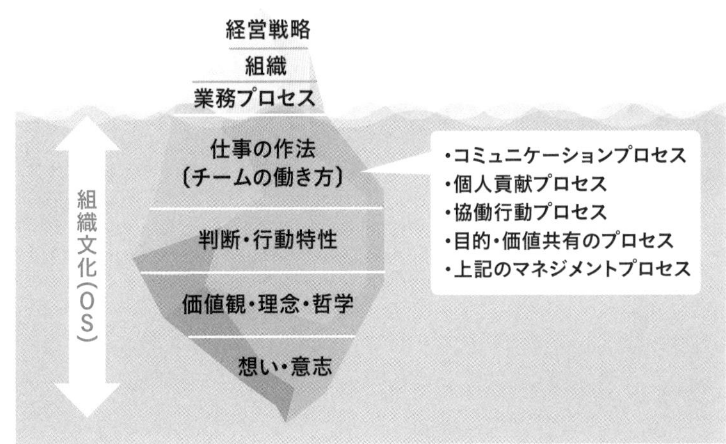

出所：スコラ・コンサルトより三谷作成

---

[15] 本来天然のものを「人工的」につくると、英語ではcultured pearl（養殖真珠）に。
[16] Sir Edward Burnett Tylor（1832〜1917）。オックスフォード大学の人類学教室の初代教授。

労使一体の強い企業文化が日本企業躍進を支えた

1970〜80年代、日本企業が躍進します（148頁参照）。

それまで科学的・合理的なマネジメントによって圧倒的優位（ゆうい）にあった欧米企業は戸惑います。その優劣の原因を解き明かしたのが**マッキンゼー**[17]の「**7S**（セブンエス）」でした。

- ハードS：Strategy（戦略）、Structure（組織）、System（システム）
- ソフトS：Shared Value（共通の価値観）、Style（経営スタイル）、Staff（人材）、Skills（能力）

躍進した日本企業らのハードSはまことに曖昧でしたが、ソフトSには長けていました。その**中核が「共通の価値観」、つまり企業文化**でした。

ホンダは2輪でのアメリカ進出後、巨費を投じた4輪事業の現地生産会社HAM（ハム）[18]の立ち上げに成功します。そのとき若きリーダー入交（いりまじり）昭一郎らはHAMのアメリカ人従業員たちに、ホンダの考え方ややり方（企業文化）を理解してもらうため、まずは曖昧だった自分たちの思想を言語化しました。そしてそれを、アメリ

■本社役員会に諮られた「HONDA WAY」

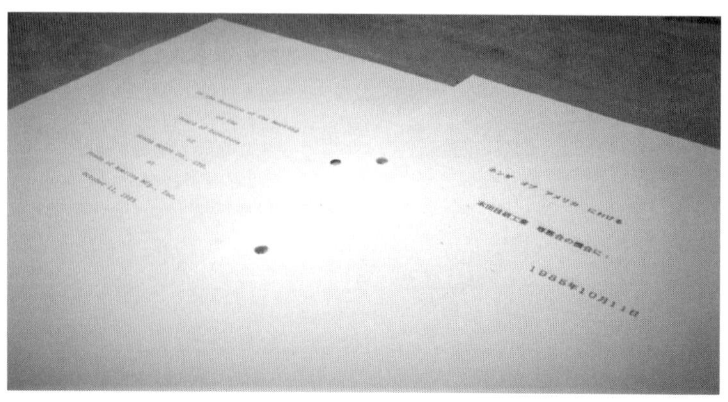

---

[17] 1926年ジェームズ・O・マッキンゼーが設立し、その早世後ムービン・バウアーが発展させた経営コンサルティングファーム。プロフェッショナル・コンサルティングの始祖とも言われる。

カ人に理解できるようにしていったのです。

でも「チームワーク」という言葉の意味ひとつとっても日米でまったく違います。**ひとつの「HONDA WAY（ホンダ・ウェイ）」をつくり上げるのに**、毎週金曜日の晩、マネジャーたちがピザをつつきながら、**丸一年かかりました。**

ソフトSはヒトが中心だからこそ、変えるのに時間がかかります。それは敵がマネしづらいということでもあり、日本企業の優位性となりました。

合意形成重視の企業文化が日本企業を停滞に

しかしその企業文化は両刃（もろは）の剣（つるぎ）でした。10数年後、日本企業はその**合意形成（ごういけいせい）重視・顧客重視の企業文化の故に、ITなどの革新スピードに遅れ、停滞**を余儀なくされました。

ポーターは**『戦略とは何か？（What is Strategy?）』**（1996）で言い切りました。

- 悪名高きまでにコンセンサス重視の日本企業では、戦略というものが求める「厳しい選択（Hard Choice）」が行えない
- かつ、日本企業は「顧客満足」を重視するあまり、すべての顧客に、彼らが求めるすべての商品・サービスを提供しようとして、自社のポジショニングを失ってしまう

これらの乱暴な主張にミンツバーグらはすぐ噛みつきましたが、おそらく一面の真理を突いています。日本企業自らがNOと騒ぎ立てることもありませんでした。

そしてこういった企業文化は自然と出来上がるものではありません。それをコツコツと手をかけ、時間をかけてつくり上げてきた（cultivate）のは、歴代の経営者たちです。だから**経営者だけは、企業文化を失敗の言い訳にはできない**のです。

[18] Honda of America Manufacturing（1978年設立）

COLUMN 7

ユーモアで引っ張る
サウスウエスト航空

マジメさより

ユーモア、

ベテランより

素人、

エリートより

リストラ組。

「顧客第二、従業員第一主義」
10分ターン
ユーモア
心理的安全性

サウスウエスト航空

米航空業界を変えたLCCの先駆 サウスウエスト航空

LCCとはローコストキャリア(Low Cost Carrier)。日本語では格安航空会社で、ただの「安かろう悪かろう」サービスに聞こえます。しかし**LCCはそれまでの航空会社のビジネスモデルを大きく変えた革新的存在**だったのです。

その嚆矢(こうし)となったのが**サウスウエスト航空**でした。1971年3機のボーイング737(112人乗り)でテキサス州のダラス、ヒューストン、サンアントニオ3都市を結ぶサービスを始めました。

40歳からその創業に関わった弁護士のハーバート・ケレハー[19]は、型破りな経営方針を掲げ、サウスウエスト航空を世界屈指の優良航空会社に押し上げました。

「顧客は常に正しい、とは限らない」「顧客第二、従業員第一主義」「仕事は楽しくなければならない」「空の旅も思い切り**面白く**

■ユーモアを体現したケレハー

Photo by Getty Images

[19] Herbert D. Kelleher(1931～2019)。自身を「部下のために一生懸命働くサーバント」と表現した。また「技能は教えられるが、態度は教えられない」として採用を重視し、その第一項目を「ユーモア」とした。

なくては！」といった信条を掲げる彼は、人件費水準を全米トップレベルに維持したままで、競合より低価格で高品質（定時運航率など）のサービスを提供することに成功します。

①**10分ターン**：機材が地上に駐機（ちゅうき）している時間を競合の4分の1以下に減らし1機が1日に飛べるフライト数を増加
②**機材選定**：1機種で統一し、整備・教育コストを削減
③**利用空港**：大都市では郊外の小空港を使うことで空港使用料を下げ、機材の待ち時間も減らした

いずれも、ユナイテッド航空といった既存の大手プレイヤーにはできない施策でした。サウスウエスト航空は2001年の9・11同時多発テロ事件以降の航空不況も大手で唯一、黒字で乗り越え成長を続けました。サウスウエスト航空は、アメリカにおける永遠の優良企業のひとつです。

10分ターンを可能にした「素人」と「ユーモア」

「10分ターン[20]」は他社にとって、実行するのに何が大変だったのでしょうか。

- **労使関係**：効率化のため全員がマルチタスクを行わねばならないが、他の航空会社では客室乗務員やパイロットたちに清掃などをやらせるのは不可能だった
- **座席管理**：座席の事前割当をせず3色のプラスティック片（再利用する）でのみ管理する仕組みだが、他社は座席指定がサービスでもあったのでやめられなかった
- **ネットワーク**：ポイント・トゥ・ポイント[21]が主体なので乗継ぎ客が多くないが、他社はハブ＆スポーク方式[22]で乗継ぎ客が多く、人だけでなく荷物の移動に時間がかかる

しかし**他社で何より壁になったのは、心の中の常識**でした。「ふつう45分はかかるものを、10分でなんてできるわけがない」

---

[20] 機材が大型化してからは15〜20分、同時多発テロ以降は手続き増で25分程度。
[21] 都市間を直接結ぶ路線網。
[22] 中小都市を大都市（ハブ）にぶら下げる路線網。

という。サウスウエスト航空では、**社員たちがリストラ集団・素人集団であったことが、その壁を越える力**となりました。初期の頃、サウスウエスト航空の乗員たちは他社からのリストラ組が多く「せっかく再就職できたこの会社をつぶすものか！」という危機感がありました。**客室乗務員は元チアリーダー**（最初の制服はホットパンツにハイヒールのロングブーツ）、**地上作業員はほぼ航空機の素人**で、そもそも「常識」がありませんでした。

経営トップのケレハー自身、前例主義や官僚主義を嫌い、従業員たちに「各自の判断に従って」行動するように求め続けました。「必要ならなんでもやる」「何が必要かは自分たちで考える」という素人集団だったからこそ、サウスウエスト航空だけが、常識破りの10分ターンを実現できたのです。

ケレハーが社員に求めた一番の資質は「献身」でも「地頭」でもなく、「**ユーモア**」でした。厳しい状況もユーモアがあれば耐えられます。素晴らしいユーモアは乗客を感動させもするでしょう。**組織が新しいことにチャレンジし続けられるのも、各自が本当の自分をさらけ出せるユーモア精神にあふれてこそ**だと、サウスウエスト航空は考えます。そういった企業文化をつくり上げ、資質ある社員を確保するのは簡単なことではなく、故にそれらは、**持続的競争優位の十分な源泉**となるに違いありません。

企業文化論の大家（たいか）**エドガー・シャイン**[23]は「**文化は過去の成功体験をもとにつくられる**」「**故に変革への抵抗が強い**」「**それを乗り越えるには心理的安全性を与えることが必須**」と述べています[24]。サウスウエスト航空の掲げた「ユーモア」こそがそれでした。

---

[23] Edgar Henry Schein（1928〜2023）。『組織文化とリーダーシップ』『プロセス・コンサルテーション』『キャリア・ダイナミクス』など。
[24]『企業文化〜生き残りの指針』エドガー・シャイン（2004）

38 教育研修:カッツモデル、モデリング、共通言語

よい研修には
ヒトに言葉と
スキルを与え、
組織を変える
力がある。

ヒューマンスキル
モデリング手法
バベルの塔
共通言語

原田左官工業所
IBM

ヒトのスキルは3種類

ヒトというリソースでは、モチベーションだけでなく当然スキルも大切です。

カッツモデルによれば、スキルは大きく3種に分かれます[25]。業務遂行上の専門能力である「テクニカルスキル」、マネジメントに必須な「コンセプチュアルスキル（問題の核心を捉え概念化する力）」の他に、「**ヒューマンスキル（人間関係力）**[26]」**と呼ばれる職種や職位によらない一般的な能力**があります。

企業はその事業特性に応じ、構成員のスキルを各種研修やOJT（オージェーティー）[27]で高めていく必要があります。新人やリーダー層は、テクニカルスキルとヒューマンスキルを中心に、管理者層は、高度なヒューマンスキルを中心にテクニカルスキルとコンセプチュアルスキルも。そして経営層であっても、業務だけでなく研修などでヒューマンスキルやコンセプチュアルスキルを伸ばすことは重要なのです。

しかし**スキル習得もその根源はモチベーション**。座学（ざがく）中心でツ

■カッツモデル

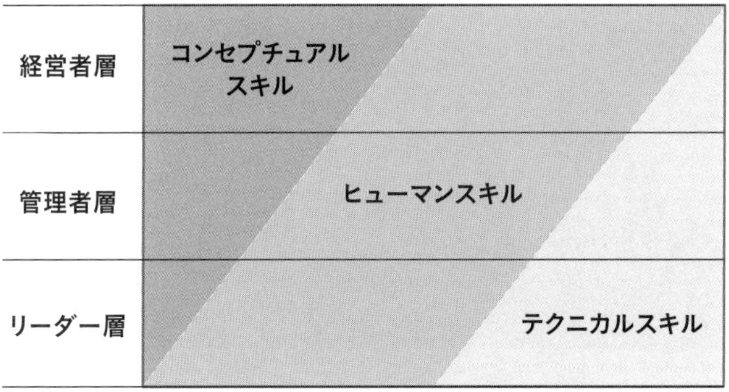

経営者層	コンセプチュアルスキル
管理者層	ヒューマンスキル
リーダー層	テクニカルスキル

[25] ロバート・カッツが1955年に提唱した。

[26]「コミュニケーション力」「ヒアリング力」「交渉力」「プレゼンテーション力」「動機付ける力」「スキル向上力」「組織を引っ張る能力」の7つ。

マラナかった企業研修も、近年は知識や技能の詰め込みではなく、モチベーションを引き出すものになっています。それも「職人」たちの世界のテクニカルスキルにおいて。

「真似」と「面白さ」で若者を引っ張るモデリング手法

教わるのではなく技は先輩から盗む、研修なしですべてOJT、一人前になるまで最低10年。そんな**「職人の人材育成」の世界が大きく変わってきています。**需要はあるのに若い職人が育たない、職人が既に高齢化してこのままでは滅びる、そういった危機感からのことでしょう。

原田左官（さかん）工業所では、3代目社長の原田宗亮（むねあき）が左官職人の育成法をその独自のビジネス戦略と組み合わせ、体系化、深化させています。**若手育成**は近隣の8社共同での新人育成場所である東京左官育成所での**1ヶ月間トレーニングから**始まります。**いきなりコテ（鏝）を持たせての壁塗りからスタート**[28]です。

■原田左官のモデリング手法

出所：「今年もやります！モデリング訓練」原田左官のブログ（2012）

[27] On the Job Training 業務内での教育的活動。これに対して業務を離れた研修などをOffJTとも呼ぶ。

「左官には材料の配合や養生などいろいろな作業があるが、やはり**塗ることが醍醐味**」「その**面白さを先に教えるから定着する**」「それに、いまの**若者たちは教育慣れしているので教わったことはしっかりやる**」

若者たちはまず超一流職人の壁塗り動画を見てその動きを記憶し、同じ塗り方にトライします。当然うまくいきませんが、撮影された自分の塗り姿とその場で見比べ、徹底的に真似します。現場でのOJTでなく練習場での訓練ですから、**どんどん失敗できます**。そしてどこが悪かったか、**手本（モデル）と見比べることで差が直感的にわかります**。それによって、**従来半年かかっていたスキルの習得が1ヶ月でできるように**なりました。

こういった「**モデリング手法**」は、ただのマニュアルやノウハウの詰め込みとはまったく異なります。「**真似する能力を高める**」**訓練でもあるので応用が利きます**。スキルを自律的に上げていく**向上心**（ヒューマンスキルのひとつ）**を育成している手法**ともいえるでしょう。

バベルの塔はなぜ崩れたのか：言葉の大切さ

ITエンジニアにとってのバイブルはなんといっても『人月の神話』です。IBM史上最大のプロジェクトを率いたフレデリック・ブルックス[29]が1975年に書いたこの本には、大規模プロジェクトにはどんな問題が発生するのか、それへの対応策（人員の追加投入など）がなぜ功を奏さない（＝失敗する）のか、が綿密に分析され淡々と描かれていました。

その第7章は「**バベルの塔は、なぜ失敗に終わったか**」でした。「バベルの塔」とは、旧約聖書の創世記に登場する巨大な塔です。人類が神に挑んだ建造物として有名で、その塔は神の棲む天界に届くはずでした。それに怒った神が塔建設を阻止したので

[28] 当初は「未経験者にいきなり道具も持たせても無理」と周囲から猛烈な反対があったとか。『新たな“プロ”の育て方』（2017）参照。

すが、その手段は雷でも大雨でもなく、**「人々が話す言葉を今のようにした」だけ**でした。

今のわれわれは、国によって地方によって、話す言葉がバラバラです。でもその頃、ヒトの言語はひとつだったのです。言語がひとつだった人類は全能で、天に届く塔もつくれました。神は言葉を乱しただけ。それによって互いのコミュニケーションは乱れ、塔は自ずと壊れました。

ITの世界も同じ。情報システム構築において、共通言語の構築と普及は成功への絶対条件です。ブルックスは、**共通言語なきシステム構築は必ず失敗する**との警鐘を、1975年に鳴らしていたのです。

これはビジネス全般において同じと言えるでしょう。組織の中で話す言葉にズレがあれば、スレ違いと確認だらけで業務は限り

■ピーテル・ブリューゲルの『バベルの塔』

ウィーン・美術史美術館蔵

[29] Frederick P. Brooks, Jr.（1931〜2022）。IBM System/360及びそのOSの開発者。論文『銀の弾丸はない』（1986）も有名で、『人月の神話』の改訂版には『銀の弾丸はない リローデッド』（1995）とともに収録されている。

なく非効率になり、ひとつの商品も完成しなくなります。

経営戦略の章でミンツバーグが言っていたように「経営戦略論」自体も、数多の論からひとつ選んで自社なりに磨き上げるべき共通言語でした（60頁参照）。マーケティングにもさまざまな流派があり、同じことが言えます。

ひとつの論理思考を「共通言語」にし組織のOSを変える

でも**もっとも重要な共通言語は**、部門ごとの専門的なそれでなく、**全社員が共通に使うものでしょう。その筆頭が「論理的思考（Logical Thinking）」**です。筋道立てて考え、根拠ある結論を導ける力です。それを相手に上手に伝える力も、伝わるように書く力も、その応用です。これらが社内で乱れていたら、文字通り「話し」になりません。ただの言い合い、意味なき雑談、乱文です。

残念ながら日本の教育課程で「論理的思考・コミュニケーション」を共通的にみなが教わり、訓練することはありません。それ故に「論理的思考」は新入社員研修に必ず組み込まれています。

なのに配属先の上司がそれを守りません。別に論理的に話さなくとも、みなが忖度して回してくれるからです。それを正せるのは社長だけですが、面倒くさ過ぎてやってられません。そして組織は非効率なまま……。

ただ逆に、**正しい論理的思考を組織の構成員みなが身に付ければ、業務の効率が劇的に上がり**ます。そしてその効率アップは、時間短縮や試行錯誤回数アップを通じて、価値向上やイノベーション創出へとつながるでしょう。

社内に部門を越えた「共通言語」をつくり上げていくことは、教育研修のもう1つの大きな存在意義です。それによって組織OSのバージョンアップを図りましょう。

39 組織とは

組織とは、
戦略を実現し
ヒトを
生産的にする
枠組み。

硬い組織
柔らかい組織
機能 / 構造 /
意思決定プロセス

—

組織とは機能やヒトを区切り関係付けること

会社における**組織とは機能やヒトを区切る塊**に過ぎず、事業部や部や課といった硬いものから、プロジェクトやタスクフォースといった柔らかいものまでいろいろ存在します。

硬いとは、ミッションや所属、上下関係、指揮命令系統がハッキリしていることで、**柔らかい**とはそれらが曖昧なことです。どちらが良い悪いではありませんが、**硬い組織は同じことの繰り返しに強く、柔らかい組織は変化への対応に長けています。**

実際には組織にはいろいろな側面があります。

- **目的**：どんな責任を持ちどんな機能を持つのか[30]
- **機能**：プロセスのどこを担いどんな効用をもたらすのか
- **構造**（メンバーシップ、階層構造、ポジション）：誰が所属し他の組織と上下左右どこに位置付けられるのか
- **意思決定とコミュニケーション**：組織としての意思決定は誰と誰が話してどう決められるのか
- **行動ルール**：その組織の個々人は日々どういう決まりごとに従って動くのか

これらをきちんと考え調整することで、**組織は**（バーナードが言ったように）**システムとして機能し、個人の能力を超えた問題に対処できます**（31頁参照）。

故に経営者が変わると必ず組織が変わり、人事配置が変わります。それによって、業務遂行能力（ケイパビリティ）が上がると思うからでしょう。でも気を付けたいのはヒトを処遇するための組織改編にしないこと。あるべき機能やプロセスを考えてから、組織構造や人事配置を考えましょう。「適材適所（てきざいてきしょ）」ではなく「適所適材」です。

ではその典型的な**機能や構造、意思決定プロセス**から見ていきましょう。

---

[30] 権限や意思決定においては、「権限・責任の一致」「命令統一性（上司はひとり）」「権限委譲（可能な仕事は部下に任せる）」「統制範囲（ひとりで見るのは5〜7人）」などが重要。

40 組織構造：ピラミッド対フラット、集権化対分権化

大きくなれば
遅くなる。
それを
打ち破るには、
分権化しかない。

ピラミッド型組織
分権型組織
分権化 / 権限委譲
『会社という概念』

GM

組織構造と意思決定：ピラミッド×集権化だと……

事業立ち上げ直後の組織なら、大体の役割分担を決めておけばOKです。でも事業が成功し成長すれば、構成員が増えて組織は大きくなり、その構造や意思決定のあり方を変えざるを得なくなります。

全体構造として**わかりやすいのが、ピラミッド型の集権化組織**です。上位の組織から下位の組織へ順に分かれていき、ポジションも明確です。**ルールがハッキリしていて、上意下達で行動を指示**したり、ヒトを育成したりするのに効率的なので、**生産部門、営業部門**などで今でも多用されます。

しかし、組織が大きくなると階層が増えて情報伝達や意思決定に時間がかかり、変化への対応も遅くなります。例えば、5人のメンバーを1人のリーダーがみることにすると、31人の組織は3階層になります。

そして何より**メンバーの自律的行動を抑制**してしまうので、変化が速い現代では大きなデメリットとなるでしょう。

■ピラミッド型組織

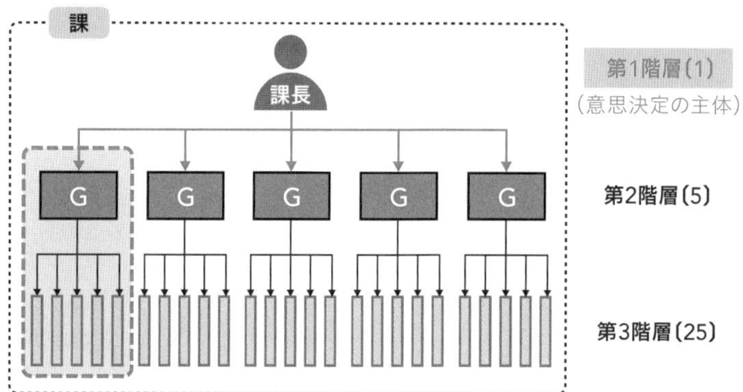

日本では1990年代、**組織のフラット化と称して組織階層の削減**が行われました。要は中間管理職の削減であり、経済や企業業績の停滞における対処法のひとつでしたが、**権限委譲や人材育成を伴わなかったので大きな問題**を引き起こしました。

先ほどの例で言えば、真ん中の第2階層の5人を減らすしかないので、係長をリーダーなどに改称し、第3階層（スタッフ）の中に交ぜ込みました。でもそのせいで、今度は**課長1人が30人（リーダーとスタッフ）をみる**ことに。当然、**統制限界を超え、意思決定もOJTによる人材育成も滞り**ました。

では意思決定速度を維持しつつ、管理もちゃんとするにはどうすればいいのでしょう。

分権化が大企業を救う：GMとドラッカー

一言で言えば「**分権化**」、**意思決定の主体を可能な限りピラミッドの下部に降ろすこと**です。そうすれば意思決定は遅れません。その重要性をドラッカーは既に1946年の『**会社という概念**』

■ 分権型組織

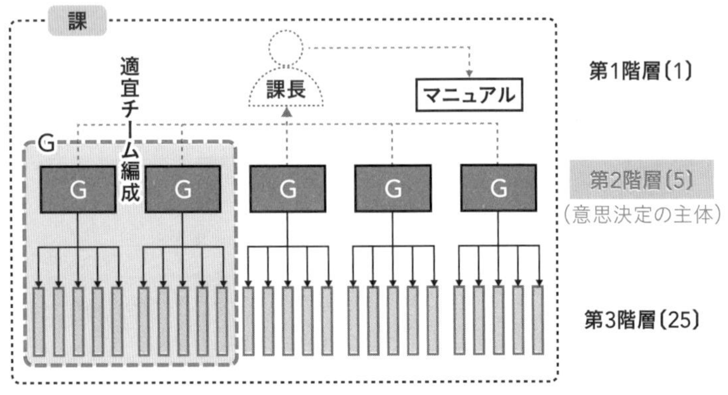

で示していました。

当時世界最大の企業となっていたGMがドラッカーに自社研究を依頼し、実証研究の場を求めていたドラッカーは快諾します。18ヶ月あまりの調査プロジェクトの中で、彼はGMが採用していた**事業部制**の素晴らしさを理解します。**大企業を管理する分権経営の手法として見事**でした。

GMはフォードと異なり、顧客タイプごとに**5つのブランド**を企画・生産していました。それを中央集権的にやっていては大変なことになります。GMは企画・生産・販売・人事などの機能を5ブランドごとに分け、それを担う**各事業部にほとんどの権限を与え**ました。**GM本社がみるのは各事業部の売上・利益目標などの達成度と、顧客満足度だけ**。これによってブランド内の意思決定は速くなり、管理もできるようになりました。

しかし**ドラッカー**はそのGMを、手放しでは賞賛しませんでした。「GMは作業者を利益追求のための（削減すべき）コストとして考えているが、作業者は人間であり活用すべき経営資源である」「GMは命令と管理を重視する官僚主義に陥っており、将来の急激な変化に対応できない」と指摘し、**従業員たちへのさらなる権限委譲と自己管理の必要性を提起**しました。

そういった内容であったこの本は、GM幹部たちからは大いに不興を買い「**禁書**」**扱い**もされましたが、**GM外では「分権化」の必読書**として賞賛され[31]、危機に陥っていた**フォード再建の教科書**ともなりました。

彼は問いました。企業を中心としたこの「産業社会」は、どうすれば社会として成り立つのだろうか？ そして「社会的存在としての人間」は、どうすればこの産業社会において幸せになれるのだろうか？ と。**分権化とマネジメントが、彼の答え**でした。

[31] いわゆる学術界もおおむね冷淡だった。マネジメントとは何だかよくわからない、と。

COLUMN 8

超分権的な米軍組織とティール組織

社内での情報オープン化が、フラットで素速い組織を生む。

トップダウン型組織
ボトムアップ型組織
ティール組織
超フラットな分権型経営

米軍
ビュートゾルフ
サイボウズ

トップダウン型組織からボトムアップの分権型組織へ

湾岸戦争前に多くの泥沼の戦いを経験した米軍は、**1980年代後半からIT化による大変革**を目指しました。各部隊・装置・兵器・衛星などからリアルタイムで情報を収集し、それを迅速に分析・処理して、極めて効果的かつ効率的に敵を叩くためのシステムを導入していったのです。

そのひとつの究極が1991年の湾岸戦争でした。GPSと無線カメラを搭載したミサイルが、精密に誘導されて目標を爆撃しました。われわれはそのミサイルから送られてきた映像を、後日、家庭のテレビで見ることすらできたのです。

現場の戦闘部隊も、**全情報を握る司令部からの指令に従って進軍していけば楽に戦闘ができました。**最新鋭の暗視装置を持つ多国籍軍にとって、砂漠の闇夜は味方ですらありました。

1ヶ月間の徹底した空爆の後に開始された、地上戦「砂漠の剣」作戦は、わずか100時間で終結し、湾岸戦争は幕を閉じました。イラク軍の死者2〜3万人に対し、多国籍軍のそれは500人弱という、圧倒的勝利でした。

この大成功がのちに、米軍を大失敗へと導くのです。

2003年**イラク戦争圧勝の後、米軍はその治安維持に失敗**します。その任にあたっていた軍の組織は、当時極めて**トップダウン型**のものでした。志を同じくしたチームがリーダーを補佐する中（統制の取れたチーム）、あらゆる情報を迅速に収集し中央で戦略を立案（統一的大局観）、上意下達でそれらを遵守させて（厳格な指揮命令系統）いました。**理想の一枚岩組織**です。

でもイラク統治問題は、それで対処できるほど単純でも簡単でもなく、**中央で考えた作戦や大局観は、現場ではまるで役立ちませんでした。**占領統治は8年半に及び、戦闘での死者は米軍を中心とした多国籍軍5000人、民間契約要員1000人、イラク治安部隊約1万人にのぼりました。**現代の対ゲリラ戦において、トップダウン型組織は無力**でした。

これを受け、米軍は現場の数チームが互いに情報共有しながら独自に判断して活動する**ボトムアップ型の分権的組織**へ移行しました。全体戦略も本国のワシントンで決めるのではなく、現地司令官（ペトレイアス大将）[32]に任せました。**司令官自身も、現場の試行錯誤事例を収集・整理し、それを命令ではなく「治安維持活動マニュアル」として配布することで、現場指揮官の自律性を促しました。**治安維持活動における犠牲者は劇的に減り、その後の教訓となりました。

超フラットで分権的な「ティール組織」

次に挙げる「**ティール組織**」は1章で挙げた「パーパス経営」の一種です。でもより過激です。ティール（Teal青緑色）は生命が生まれる海の色。**『ティール組織』**（2014）の著者**フレデリック・ラルー**[33]は、組織の中核は業績でも規律（きりつ）でも人間関係でもなく**パーパス**だと言いました。危機感や上下関係で統治していたら、みんなが疲弊するばかりで新しいものは生まれないからと。マッキンゼーで10年以上、組織変革プロジェクトに関わった彼の結論です。

そこで挙げられている成功事例はオランダの**ビュートゾルフ。**2006年設立の在宅介護（ざいたくかいご）支援に取り組む非営利（ひえいり）団体です。その独特の在宅介護モデルが成功し、今では1万人以上の介護士が活動しています。その仕組みは自主性を重んじた**超フラットな分権型経営**です。フランチャイズチェーンと違って、営業時間も提供するサービスも自分たちで決められます。その代わり、その責任もそのチームが負うことになっています。

日本ではグループ売上1.9兆円（2023年6月期）のドン・キホー

[32] David Howell Petraeus（1952〜）。哲学の博士号を持つ。
[33] Frederic Laloux（1969〜）。ベルギー出身、INSEADでMBA取得。マッキンゼーで15年働き独立。5ヶ国語を操る。

テ[34]がこれに近いかもしれません。チェーンストアでありながら画一化に背を向け、各店舗に仕入れも値付けも権限委譲し、独自の価値「楽しさ」で勝負しています。

情報のオープン化で組織の上下の壁を壊す

でもティール組織はかなり過激な処方箋（しょほうせん）なので、大規模な組織でうまくいくかどうかはまだわかりません。しかし**「情報を社内でオープン化」することを通じて、組織のフラット化を志向する**企業が出現してきています。

情報格差に守られた多階層の意思決定構造ではもう求められるスピードに間に合わないから、担当者だけに頼っていては面白い情報活用などできないから、なのです。

日本ではサイボウズなどの有力企業が先陣を切っています。

■ティール組織とは

組織進化の5段階		何で統治	組織例
Teal	進化的、生態系、内なる正義	存在目的と支援（パーパス）	ビュートゾルフ
Green	多元的、家族、人間的な関係性	理念、権限委譲	スターバックス、サウスウエスト航空
Orange	達成、機会、成果の追求	アメとムチ	近代的な企業
Amber	順応、軍隊、集団の規範	身分の上下関係	軍隊、教会、日本の学校
Red	衝動的、群狼、欲求の充足	恐怖や脅し	反社会的組織

出所：『ティール組織』より作成

[34] グループ企業にはユニー、長崎屋の他、アジア各国でのDON DON DONKI店などがある。持株会社の名称は2019年からパン・パシフィック・インターナショナルホールディングス（PPIH）。

41 目標策定・管理：バランスト・スコアカード、学習

株主価値偏重を正すために生み出された、バランスト・スコアカード

定量的達成目標
株主価値偏重
バランスト・スコアカード
学習（ラーニング）

—

達成目標も仮のもの。まずは顧客視点で立てる

良いビジョンは事業の大まかな領域や目的を決めてくれますが、それだけでは事業目標になりません。**ビジネスをその憧憬の地に導くための、具体的な達成目標が必要**です。

定量的な目標は、どうせ10年分つくっても変更ばかりになるので、短中期のもので構いません。

もちろん新規事業やスタートアップ企業の場合、資金調達のためにも最大限の成功時にいくら稼げるのかを示すことは必須です。でもそれは一種の理論的限界値であって、目標ではありません。そんなものを目標にしたら、すぐお金を使い果たして破綻します。逆に当初想定した最大値が、小さ過ぎることだってあります。GoogleやFacebookだって当初、こんなに大きくなるとは誰ひとり思っていませんでした。急成長するために必要なら、当初の目標なんて無視して、お金を集め続けなくてはいけません。**新規事業にとっての定量目標なんてそんなもの**です。仮でつくっ

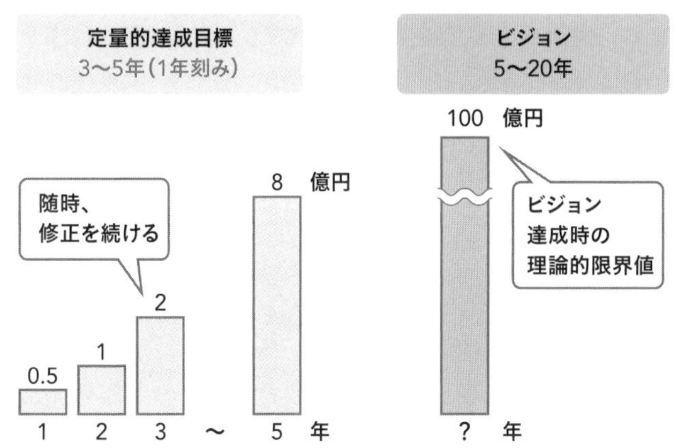

て、どんどん修正していくことの方が大切です。

売上と利益の達成目標を数年分つくるとして、その立て方はさまざまです。**売上目標の一番単純な立て方は「市場×シェア」**です。その事業の5年後の市場規模を予想して、そこにエイヤッで目標の自社シェアを設定して掛け算します。でも、ここまでの内容（1〜4章）を思い出してみましょう。売上や利益は、どうやって生み出されるものだったでしょうか。

売上は「ターゲット」にどんな「バリュー（価値）」を提供するかで決まる。利益はその売上と費用で決まるはずでした。であれば、**売上目標も顧客視点で立てましょう。そうでなければその目標から外れたときに、ビジネスモデルの何が悪かったのか、良かったのかがわかりません**。わからなければ修正も利きません。顧客視点での売上目標の立て方とは、例えば、

- **売上＝全顧客数×顧客数シェア×顧客単価**

などです。**顧客単価はさらに、商品単価×顧客あたり購入数**、とできるでしょう。そういった数値目標を、いつ黒字に転換（てんかん）するのかや、成長の組織的限界を見極め、ビジネスモデルと行ったり来たりしながら決めていきましょう。

決して、売上＝商品販売数×商品単価、だけで売上目標を立ててはいけません。そこには顧客の視点がカケラもありませんから。そしてもう一つ気を付けるべきは株主価値（株主にとっての企業の財務的価値）を目標にすることの危うさです。

70年代後半のアメリカから始まった株主価値偏重主義

企業は一体誰のものなのでしょうか。株式会社であれば、株主には（通常は）総会での議決権があり、その意思に沿って会社は経営されていくことになります。「**経営者は株主の意思を体現（たいげん）する代理人（エージェント）**」[35]というわけです。では株主は企業に何を望むのでしょ

[35] エージェンシー理論と呼ばれる。

うか。株価の上昇でしょうか、高配当でしょうか。それは短期のものでしょうか、長期のものでしょうか。

アメリカでは**70年代後半以降**、いわゆる**機関投資家**[36]が、企業の株式を握るようになりました。そして、**短期の株価上昇・利益創出を強く要求**するようになりました。**経営者への報酬は現金でなく自社株で払われるようになり**、利益やROE（自己資本利益率）、ROA（総資産利益率）、PER（株価収益率）といった**財務指標**（269頁参照）**だけが、経営者の行動原理となっていきました。**

必死に新しい戦略を立てて難しいケイパビリティ変革を成し遂げるよりも、**人減らしをやって短期的に収益を上げたり、有望事業を売却したりしてキャッシュにした方が、簡単に**（株価が上がって）**報酬が上がる**のだから当然です。アメリカ企業でのCEOの報酬は、一般従業員のそれの数百倍[37]に跳ね上がりました。

その行き着く先は粉飾決算で空中分解した、時代の寵児エンロンやワールドコムであり、サブプライムローン問題によるリーマンショック（2008）でしたが、その前から「株主価値、財務価値の偏重」をどうにかしようとする努力がありました。

すべてをつないで測れるようにした バランスト・スコアカード

米ノーラン・ノートン研究所の**デビッド・ノートン**[38]は「これまでの、財務指標による業績管理方法は、過去の情報に頼るもので、環境変化の激しい21世紀の経営には向いていない」という問題意識を持っていました。

彼は「将来の企業における業績評価」というプロジェクトを立ち上げ、HBSの**ロバート・キャプラン**[39]とともに研究を続けます。2年後の**1992年に発表されたのが「バランスト・スコアカード**

---

[36] 年金基金や保険会社、投資銀行、証券会社、投資・ヘッジファンドなど。

[37] エクイラーの調査によれば、2017年のペイレシオ（CEO報酬÷従業員報酬中央値）は140倍だった。日本では30倍前後と推定される。

(BSC)[40]」でした。**BSCは「財務の視点（過去）」だけでなく、「顧客の視点（外部）」「内部業務プロセスの視点（内部）」「イノベーションと学習の視点（将来）」の4つの視点で企業の経営を評価しようとする枠組み**です。

まずは戦略に沿って（つまり経営戦略は所与）、その4つの視点での活動項目を、互いに連関するように組み上げます。これを「**戦略マップ**」と呼びます。そして各々に数値目標や評価指標を設定して、それをモニタリングしつつ社内のプロセス改善や各個人のスキルアップを促して、企業変革を推進するという仕組みです。

財務指標一辺倒になりかかっていた1990年代のアメリカでも、「**財務偏重の経営を変える**」「**長期の戦略と今の活動をつなげる**」**ことを目指したキャプランたちの努力は評価され、97年に**は調査対象の**64%の企業**が、BSCのような「**多面的な業績評価ツール**」**を採用**している、と答えるまでになりました。その後もさまざまな改良・修正がなされ、今日でも使われています。

■バランスト・スコアカード「戦略マップ」の例

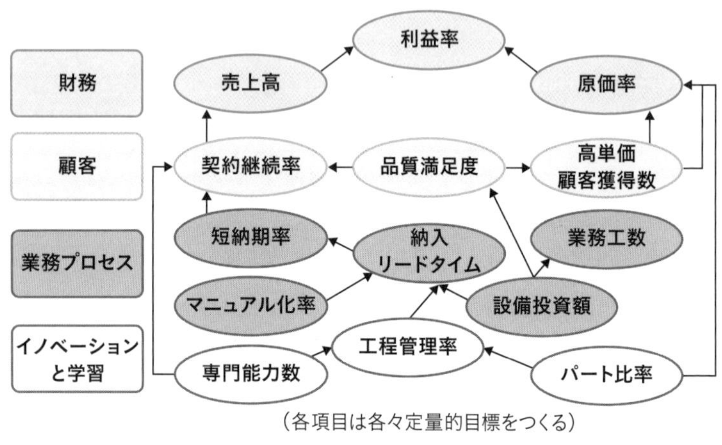

（各項目は各々定量的目標をつくる）

[38] David Norton（1941〜）　[39] Robert S. Kaplan（1940〜）
[40]『キャプランとノートンの戦略バランスト・スコアカード』（2001年）参照。

目標未達のときどうするのか：利点を学習に

目標はその達成を目指すからこそ目標です。達成を目指さない目標や、目指せない（高過ぎる）目標に価値はありません。でも、もし目標に届かなかったら？

ただ部下を叱責しても、お酒で憂さ晴らしをしても、ちっとも業績はよくなりません。そのときこそ目標をどう立てたのか、の差が出ます。気合いや根性ではなく、**論理的かつ定量的に立てたのであれば、計画時の予想と実際の状況とのズレがわかる**でしょう。そのズレがなぜ生じたのかを分析し、正すべきものは正し、改善すべきものは直せばいいのです。

ただし、**新規事業や起業時には最初の目標や計画にあまり拘泥しないこと**。経験のない未知のものにチャレンジしているのだから、目標なんて精度高くは立てられなくて当たり前です。細かいズレの原因ではなく、目標の立て方自体を見直し、そして次の目標に挑みましょう。

大企業でのイノベーション実現策を研究した**ビジャイ・ゴビンダラジャン**[41]は、**イノベイティブな新規事業での事業目標は「売上や利益ではなく学習に置け」**と言っています。なぜなら定義によりイノベイティブな事業の先は読めないから。そしてそこでは、新たな学習の質と量こそが、成功への道だから[42]。

バランスト・スコアカードのベースである将来視点も「イノベーションと学習」でした。新規事業では、**まずは何を学ぶべきか**、を徹底的に議論しましょう。

[41] Vijay Govindarajan（1949〜）。ダートマス大学タックビジネススクール教授。
[42]『ストラテジック・イノベーション』（2013年）三谷宏治監訳

4章のまとめ

人（HRM）とは

企業能力の中核はもちろんヒトです。オペレーションがどんなに自動化されようが、情報システムがすべて標準化されようが、それだけではすぐ停滞に陥り、優位性を失います。**事業進化のエンジンであり羅針盤であるのはヒト**なのです。

そのヒトの**生産性はモチベーション次第**であり、そのモチベーションを左右する最大の要因は、賃金でも労働時間でもなく、**人間関係**（同僚や上司などとの）だとされています。

こういった**ヒト資源を管理するHRM**は、その質（スキルとモチベーション）と量（人数）を確保するための活動であり、採用・退職、評価・給与・人事制度、人材配置、教育研修・人材育成などに分かれますが、この章ではHRMのテーマとして「リーダーシップ論」「企業・組織文化」「教育研修」を取り上げました。

リーダーシップ：カリスマ型からサーバント型、協調型へ

どんなリーダーシップが必要かは、状況次第で変わります。停滞期にはその停滞を打ち破る存在が必要で、そのひとつが**カリスマ型**。1997年、Appleに復帰したジョブズは、**恐怖と熱狂によって役員や従業員を鼓舞し**、Appleに史上最大級の成功をもたらしました。しかし一方で93年、瀕死のIBMをハコ売りの会社から、サービス会社に生まれ変わらせたのは、外様のガースナーでした。彼はソリューション事業に適応し業績を上げていたリーダーたちを調べ上げ、そのやり方を「**サーバント型リーダーシップ**」として社内に広めました。**自分は前面に出ず、部下の力**

を引き出し育てることに重きを置くスタイルです。

さらに外部との連携で事業を拡大していく**オープン・イノベーションの実現**には、P&Gのラフリーのような「**協調型リーダーシップ**」が必要でした。複雑さや曖昧さに耐える力が試されます。

企業・組織文化とスキル：革新を阻み、支えるもの

企業固有の価値観や行動様式が企業・組織文化です。過去においては、労使一体の強い企業文化が日本企業の躍進を支えましたが、**合意形成重視の企業文化が日本企業を停滞に追い込み**ました。

航空業界にLCCというイノベーションをもたらした**サウスウエスト航空は、その企業文化の中核に「ユーモア」**を置いています。マジメなベテランのエリートたちでは、革新など起こせないから。ユーモアある素人集団・リストラ組こそが、自由にかつ危機感を持って「なんでもやってみる」ことができるのです。

教育研修も進化しています。**ヒトのやる気を引き出す「モデリング手法**」は短期での大幅なスキルアップを可能にします。

組織とは

組織とは機能やヒトを区切って関係づけることです。変えやすいので、トップが変わるとまず組織変更を行います。でも組織は経営者のおもちゃではありません。**戦略を実現しヒトの力を伸ばすための枠組み**です。

組織構造はピラミッドかフラットか、**意思決定**は集権化か分権化か、決めるにはまず戦略的な目的を明らかにしましょう。

近年出現した大規模な超分権的組織である「**ティール組織**」や、事業目標の立て方として株主偏重でない「**バランスト・スコアカード**」なども紹介しています。

5章

会計・財務

すべてをお金で測り回す

43.費用
キミは**固定費**か、
変動費か。それとも
シェアリング
サービスか。

44.売上
いっぱい
売るより、
みっちり売ろう。

42.会計・財務とは
損益が**赤字**に
ならないための**武器**が
管理会計

45.フリーミアム
95%の無料客を
ダイジにして、**5%**の
有料客を
ゲットせよ。

46.サブスクリプション
使い放題なのは、
変動費が**ゼロ**だから。
儲かるのは、
ワンバージョンだから。

47.損益：損益分岐点
BEP分析で、
黒字までの
距離、**赤字**までの
余裕を**測れ**。

48.財務指標：
ROS、ROA、ROE、ROIC
アールオーイーと
ロイックまで
説明できれば、**十分**。

42 会計・財務とは

「損益」が「赤字」になららないための武器が管理会計

7つの企業会計原則
税務 / 管理 / 財務会計
ベンチャーキャピタル
クラウドファンディング

セコイア・キャピタル
Google
薬師寺
Kickstarter

お金を巡る3つの問題：赤字、黒字倒産、投資不足

ビジネスにはお金がつきものです。お金が回らないとビジネスは破綻し、従業員が路頭(ろとう)に迷ったり投資家が痛い目に遭ったり。経営者は糾弾(きゅうだん)され碌(ろく)なことになりません。**お金を巡ってビジネスが直面する問題**には主に3種類あります。

①**赤字**：ある期間の損益がマイナスなこと。続くとアウト
②**黒字倒産**：損益はプラスなのに支払いができないこと
③**投資不足**：立ち上げや事業拡大への投資が不十分なこと

お金といっても、その種類や流れには3種類あって、これらの問題はその各々が滞ることによって起こります。

- **損益**：ある期間、そのビジネスが利益を生む状態かどうかを示す数字。その期間の売上に相応する費用を計算して求める
- **CF（キャッシュフロー）**：ある期間、そのビジネスに関するお金(キャッシュ)の出入りをみるもの。赤字でも調達が続けばキャッシュは回るので倒産しないが、黒字でも銀行が貸付を引き上げたり、調達以上にお金を使い過ぎたりすると倒産する
- **資本**：銀行・投資家・自らが事業の立ち上げや拡大に使うお金。長期のものであり利息や株の配当・売却でリターンを得る

■3種類のお金とその問題

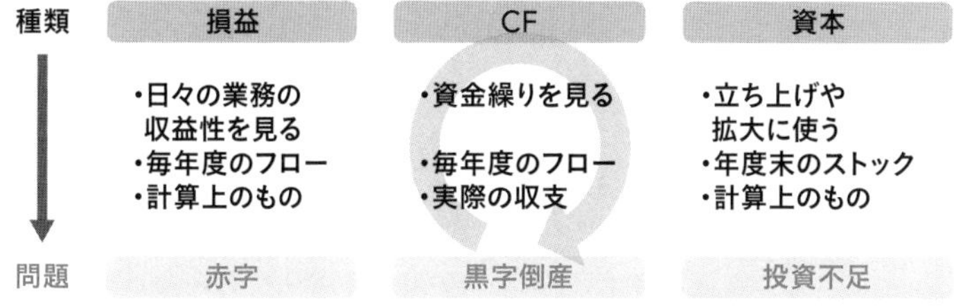

組織を支え監視・評価する3種類の“会計”

こういった諸問題を避けるために編み出された手法が「**会計・財務学**」であり、3つの基本技、**P/L、B/S、CF計算書**を駆使します（これらがピンと来ない人は、まず262頁のコラムを読んでください）。

会計とは、経営者が内部を管理するための、そして外部の利害関係者がその経営者を監理・監督・評価するための仕組みです。どんな会社にも経理担当がいて、それを外部から手伝う専門家、税理士・会計士が日本国内だけでも約11万人[1]います。逆に言えば、正しい会計がいかに難しいか、ということでもあります。「**7つの企業会計原則**[2]」なども含め、経営者は会計の基礎を理解していなくてはなりません。

税務会計：組織は社会的存在として、利益が出れば法人税を、土地や建物・設備を持てば固定資産税を、大きな事業所を持てば事業所税を納めなくてはなりません。その計算のための会計が税務会計です。必須ですがやり方がちょっと特殊です。

管理会計[3]：ビジネスが前頁の①②③にならないよう、経営者

■管理会計の5つの役割

予算管理	事業計画達成のための、売上や費用の予算を立てる。全体だけでなく商品別や顧客別、部門別など。
予実管理	予算と実績との差異と、その原因を明らかにする。
原価管理	基準となる標準原価を設定し、実際の原価との差異をチェックする。プロジェクト管理でも使われる。
経営分析	ROSやROEなどの経営指標を算出し、経営の安全性、収益性、効率性、成長性を確認する(269頁参照)。
CF管理	資金(キャッシュ)がいつどのくらい増減するのか予測し、手元資金が枯渇しないようコントロールする。

[1] 電子政府化を進めたエストニア（人口130万人）では、税理士・会計士が消滅した。

[2] 1.真実性、2.正規の簿記、3.資本利益区分、4.明瞭性、5.継続性、6.保守主義、7.単一性、が一般原則。これに8.重要性の原則、を加える場合もある。

がそこでのお金の流れを把握・理解し、評価・修正できるようにすることが、経営学としての会計であり、管理会計と呼ばれます。**商品や部門別の原価や損益計算、損益分岐点分析**（257頁参照）、**CF分析、安全性・収益性などの経営分析**（266頁参照）、**予算・予実管理が主な仕事**です。あくまで社内向けのもので、今年どうするのか、どうなっているのかがテーマです。

財務会計[4]：株主や銀行・投資家、取引先にとっても①②③は心配です。それを報告するために財務会計は存在し、P/L、B/S、CF計算書をつくります。1年ごとや3ヶ月ごとに過去データを集計して発表します。ただしそのつくり方には一定のルールがあり、国や地域で異なり、その都度変わったりもします。

資金調達手法の進化：銀行、株式からVC、クラウドファンディングまで

本書ではあまり掘り下げませんが、事業立ち上げや成長のための資金調達（ファイナンシング）も、その手法は進化を続けています。

株式公開：個人的な仲間内からの資金調達の限界を超えるために、オランダでは株式による調達とその取引所が整備されました。

銀行融資：中世イタリアに始まった銀行が大きく進化を遂げたのは、産業革命下のイギリスでした。鉄道事業をはじめとした巨大な資金需要に銀行が応えたのです。その流れを受け、明治維新下の日本でも両替商（りょうがえしょう）が銀行へと改組（かいそ）し、事業融資を中心にしていきました。

ベンチャーキャピタル：成功確率10分の1以下[5]のスタートアップ企業に資金供給を行ってきたのがベンチャーキャピタル（VC）です。初期の**Amazonを支えたのは老舗（しにせ）VC クライナー・パーキンス（Kleiner Perkins）**でした。パートナーのジョン・ドーア[6]はベゾスに信頼を置き、ネットバブル崩壊のときも見捨てませんでした。

---

[3] management accounting [4] financial accounting
[5] 投資家がレビューする1000件でいえば出資が60件、株式公開が6件とされる。
[6] John Doerr（1951〜）

そのクライナー・パーキンスとセコイア・キャピタルは99年に**Googleにも投資をしましたが**、**事業経験者をCEOに据えろと要求**しました。創業者のラリー・ペイジ[7]とセルゲイ・ブリン[8]は当初反対しましたが結局受け入れ、ベテラン経営者のエリック・シュミット[9]が招聘されました。シュミットはその後17年間[10]、Googleの驚異的な成長を支えます。そして**両VCの投資は1000倍ものリターンを生みました**。

スタートアップ企業への資金提供は当時、VCが行うものでした。

エンジェル投資家：それが21世紀に入って変わります。VCから投資を受けたYahoo!、Google、eBay、AppleといったIT界の巨人たちが、今度は多くのスタートアップ企業を買収する側にまわり、買収される側からは大金を握った若き人材たちが世に輩出されることになりました。そして彼・彼女らは、次のチャンスに自らの資金をかけたり、エンジェル投資家としてスタートアップの初期投資を担ったりするようになりました。

2016年のアメリカのエンジェル投資家は約30万人、年間投資額は約240億ドルで、VC投資額に迫ります。

クラウドファンディング：途中で建設資金の尽きた「**自由の女神像**」が、新聞出版者ジョゼフ・ピュリッツァー[11]の呼びかけに応えた12万5000人による10万ドルの寄付で救われました。日本でも、東塔しかまともに残っていなかった奈良**薬師寺**の復興のために、管主の高田好胤が1人1000円（現在は2000円〜5000円）の写経勧進を進め、1968年からこれまでに870万巻（100億円超）を集めました。

ネットの力を借りて、これを行うのがクラウドファンディングで、今ではさまざまなタイプのプラットフォームが利用可能になっています。主なものを挙げると、**特典型**：Kickstarter、Makuake、**寄付型**：READYFOR、**貸付型**：Kiva、Bankers、**出資**

---

[7] Larry Page（1973〜）。2011年にCEOに復帰したが19年に退任。普段はカリブ海にある自身のプライベート・アイランドに住み投資活動などを行っている。

[8] Sergey Brin（1973〜）。ペイジとはスタンフォード大学で知り合う。

型：Crowdcube、日本クラウド証券、セキュリテ、など。特典型は、資金提供者に対してお金ではなく「限定品」「早期割引」といった特典で報いるのが特長です。老舗（といっても2009年設立）で最大手のKickstarterでは設立14年で、延べ59万件のプロジェクトが資金調達に挑み、24万件が設定金額に到達、計74億ドルを手にしました。プロジェクトの成功確率は41%、1件当り3.1万ドルです。総支援者数は2200万人で1回あたりの支援額は平均83ドルに過ぎません。

クラウドファンディングは、「消費者（の一部）を投資家・寄付者に変える」「埋もれた潜在ニーズを顕在化する」ことができる仕組みです。2022年でのクラウドファンディング総支援額は、世界全体で149億ドルと推定されています。小さなビジネスのスタートが、群衆によって支えられる時代が来たのです。

マイクロクレジット：バングラデシュでの貧困問題を解決するために、ムハマド・ユヌス[12]が立ち上げた**グラミン銀行**（1983年設立）は、無担保で1回100ドルほどの事業資金を貸し付ける仕組みです。5人一組のグループ内での相互チェックにより、**返済率97%以上**を維持しています。**1千万人の借り手の大半が女性**で、その経済的自立を後押ししています。

前述のKivaもそのP2P（借り手と貸し手をつなぐ）版です。マイクロクレジットの取り組みは発展途上国を中心に世界中に拡がり、その**融資残高は**2020年で**約1600億ドル**と推定されています。

さて、次節からは、会計での「損益」関連を中心にみていきます。まずは費用の側面から。

---

[9] Eric Schmidt（1955〜）。サン・マイクロCTO、ノベルCEOなどを務めた。
[10] Google CEO退任時に「もう大人が日々の面倒を見る必要はなくなった」と語った。
[11] Joseph Pulitzer（1847〜1911） [12] Muhammad Yunus（1940〜）

43 費用：固定費、変動費、サービス化、シェアリング

キミは
固定費か、
変動費か。
それとも
シェアリング
サービスか。

固定費 / 変動費
LCO
サービス化
シェアリング

ウォルマート
Google
Amazon AWS
Adobe

費用は「固定費＋変動費」が基本

損益は「売上－費用」です。売上は数量（売上個数など）とともに上がりますが、費用は2種類に分かれます。それが、数量とともに変わる部分「**変動費**」（原材料費、販売手数料など）と、変わらない部分「**固定費**」（賃借料、広告費、管理費など）です。

これらを使うと売上と費用はこう表せます（下図）。

・売上＝販売単価×数量

・費用＝固定費＋変動費＝固定費＋1個あたり変動費×数量

ただ、同じ営業活動でも、それが固定給の決まった人員で行っているなら固定費ですが、完全歩合給でやっていたり、アルバイトで繁閑に合わせて人員を調整してやっていたりするなら変動費になるでしょう。**ある費用が固定費か変動費かは**、自動的には決まりません。**やり方次第**なのです。

費用手法の進化：分業からシェアリングまで

費用はもちろん「安くする」ことが第一の目標です。そのためにテイラーは科学的管理法を編み出し、フォードは分業化された流れ作業での大量生産方式での低コスト化を完成させました。「分業」と「規模化」が安くするためのキーワードでした。

■費用の2大分類：固定費と変動費

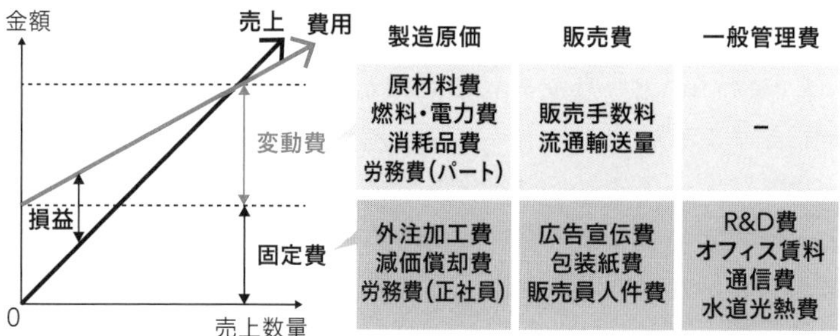

1960年代にBCGが開発した「経験曲線」はそこに時間の概念を持ち込みました。低コスト化には、素速く規模を稼いだ方が有利だと主張したのです。

1970年代にはアメリカ中西部の片田舎から展開したディスカウントストア、**ウォルマート**が**LCO**（Low Cost Operation）を手法として確立し、競合のKマートなどを駆逐します。

LCOはただのコストカット手法ではありません。ムダなコストが発生しないように戦略やマーケティング、オペレーション自体を変えることなのです。

・在庫ロスを下げたい

→不良在庫になりやすいのは季節ものや特売もの

→**衣料品比率を下げる、EDLP[13]で特売を止める**

その代わり、粗利は低くなりますし（衣料品の粗利は高い）、特売による集客も期待できなくなります。LCOはバリューの低下や売上・粗利の低下を覚悟したものでもあるのです。その覚悟が伴わなかったKマートは衣料と特売に頼り続け2002年に破綻、再建後も苦難の道を歩んでいます。

費用ゼロの流通手段、インターネット

1990年代に出現したインターネットは、情報（デジタルコンテンツ）の流通コストをほぼゼロにし、その到達範囲を劇的に拡げました。これまでは**トレードオフの関係にあった「リーチ（情報がどこまで届くか）」と「リッチネス（情報がどれだけ豊富か）」の両立**が可能になりました[14]。

それによってネットは、企業や個人が深い情報を幅広く発信し、収集することを可能にしたのです。それは企業間でのB2Bでも、企業から個人へのB2Cでも同じです。それどころかバラバラの個人同士をつなぐC2C（Consumer to Consumer）の仕組みま

---

[13] Every Day Low Price。いつでも安い、を謳うウォルマートの標語。
[14] 『Blown to Bits』（1999）Philip Evans、Thomas S. Wurster

でが、簡単につくれるようになりました。それは、**多くの「小さき者」たちに力を与えた**のです。

1998年にはGoogleが創業され、後発ながら優れた検索サービスを提供します。2002年にはもっとも使われる検索エンジンとなり、人々の情報収集能力を格段に引き上げました。

多くのヒトから少しずつお金を徴収したり、無料で商品を配ったりできるようになったので、この後の「フリーミアム」など、売上の革新にもつながっていきました。

費用手法の進化：サービス化とシェアリング

費用の革新の最後がサービス化やシェアリングです。

費用は「安くなる」のが嬉しいのですが、ビジネスの継続性を望むなら、もうひとつ大切なのが「身軽にする」こと。大規模な工場やオフィスを建ててしまえば、いったん不況になったときにその運営費用を削りようがなく、あえなく倒産となってしまいます。それがイヤなら**なるべく所有しないこと、もしくは他者とシェアすること**、です。

これにより**固定費だったものが変動費になったりします。**

ITインフラやソフトウェアなどを買取ではなく**サービス化**することを総称して**XaaS**（ザース）[15]と呼び、Amazonの**AWS**(Amazon Web Services)や**Salesforce**（セールスフォース）、Adobe（アドビ）の**CC**(Creative Cloud)（クリエイティブ クラウド）などが有名です。必要なときに必要な量だけ使えます。

また**シェアリング**は個人向けのみならず法人向けにも、そのオフィススペース、人的スキル、商用車、駐車場、機械や設備を貸し借りできるサービスが、どんどん立ち上がっています。2021年度のシェアリングエコノミー市場規模は2.4兆円とか。30年度には14兆円と推定されています。[16]

---

[15] aaSはas a Serviceの略で「サービスとして」という意味。IaaS(Infrastructure)、PaaS(Platform)、SaaS(Software)、MaaS(Mobility) などがある。

[16]「シェアリングエコノミー活用ハンドブック［2022年3月版］」より。

44 売上：単価×数量、隙間、広告型など

いっぱい
売るより、
みっちり
売ろう。

販売単価
隙間埋め
広告/替え刃/従量制課金モデル

GUCCI
ドトールコーヒー
ジレット
ゼロックス

売上の基本は、販売単価x数量

ほとんどの**企業が目指す成長とは、売上が大きくなる**、ということです。日本で初めてのスーパーマーケット、ダイエーの創業者 中内㓛(いさお)は「**成長はすべてを癒す**」と言いました。企業が成長すれば組織が大きくなり、ポスト[17]も増えて人の処遇がしやすくなります。仕入の規模も大きくなって、より安く仕入れることもできるでしょう。結果として利益が増えれば、株主にも社員にも報いることができます。

ダイエーなどの大規模小売店は、販売単価を下げる「**安さ」を武器にして、数量を大きく伸ばすことを目指しました。**

ただ売上は、販売単価×数量なので、数量を上げるだけが答えではありません。上手に**販売単価を上げていくこと**もありえます。高級ブランドGUCCI(グッチ)は1991年には赤字に陥(おち)いり、93年には給与の遅配(ちはい)に追い込まれましたが、商品アイテム数を40分の1に絞り込み、高価格路線に引き戻すことによって売上を3倍に伸ばしました。

店や商品を増やすのもいいが、隙間を埋めよう

売上拡大のために一番簡単なのは、**メーカーなら商品を増やすことで、小売や飲食なら店舗を増やすこと**です。これで一見、売上は増えますが、1商品や1店舗あたりの売上はむしろ下がって、収益性を落としたりします。

売上拡大と収益向上を両立できるのが隙間埋(すきまう)めです。小売でも飲食でもホテルでも鉄道でも、ヒマな時間や時期が存在します。メーカーならつくったものの在庫が利くので、従業員や設備をヒマな状態にすることなく業務を続けられますが、流通業や飲食業、運輸・サービス業ではそうはいきません。

のちの**ドトールコーヒー**創業者 鳥羽博道(とりばひろみち)は、高校を中退して

---

[17] 課長・部長など、組織を統括するポジションのこと。

17歳で飲食業界に入り、喫茶店で働き始めコーヒー豆と出会います。19歳で店長に抜擢されますがもの足りず、ブラジルへ渡りコーヒー農園の現場監督になりました。帰国後、コーヒー関係の商売を始めました[18]が、社員に喫茶店の開業資金を持ち逃げされたりと散々です。それでもめげずに仕事を続けていましたが、従来の喫茶店や焙煎コーヒー豆の販売といった業態に限界を感じていました。

1960年代、日本でも喫茶店が増え始め、あっという間に15万店に達します。でもその**イメージは「不健康で暗い」**ものでした。薄暗い店内に煮詰まったコーヒーの匂いとタバコの煙が充満するところ、だったのです。

1971年の夏、鳥羽は業界関係者20名での欧州視察旅行に参加します。「次の業態へのヒント」を必死で探し求めていた彼は帰国後すぐに**カフェコロラドを立ち上げ**ました。

「健康で明るく老若男女が集える店」を追求した1号店は、開業後半年間は売上が伸びず苦しみました。しかし客層を拡げたため

■カフェコロラド

客層が拡がると1日の中での繁閑差がなくなる

（時間帯）	**従来の喫茶店**	カフェコロラド
早朝	**ビジネスマン**	**ビジネスマン**
午前		**地元客/学生など**
お昼	**ビジネスマン**	**ビジネスマン**
午後		**自由業/主婦・主夫など**
夕方	**ビジネスマン**	**ビジネスマン**
客数/席数	**4〜6回転/日**	12回転/日

[18] 社名はドトールコーヒー。

に席が1日12回転もするようになりました。

早朝はビジネスマン、次が地元の商店主や年配者・学生たち、昼になるとまたビジネスマン、それから自由業の人や主婦などで賑わう、といった具合です。それまでの喫茶店では4〜6回転程度でしたから、大盛況です。

次々開店希望が寄せられ、気が付くと数年で250店のチェーン店になっていました。

お客さんが来ないヒマな時間でも、店舗は存在し店員さんにはお給料を払っています。**固定費が大きく在庫が利かないビジネスでは、隙間をみっちり埋める売上向上策が利益もアップしてくれる**のです。

売上手法の進化：広告からフリーミアムまで

どう売上をあげるのか、はビジネスの最大テーマです。そのためにターゲットとバリューを定め、それを提供するためのオペレーションや人・組織を構築してきました。でも**実際にお金を誰からどう受けとるかは別の話。ユーザー自身からもらう必要だってない**のです。

広告：**無線電信技術**がイタリア人**グリエルモ・マルコーニ**[19]によって開発されてから25年後の1920年、初めての商業ラジオ放送局KDKAが、米ウェスチングハウスの工場内に開設されました。副社長のハリー・デイヴィスが、自社のラジオ受信機拡販に役立つと思ったからです。彼の目論見は当たり、ラジオ受信機は飛ぶように売れました。当時のラジオ局の多くは、ラジオ受信機メーカーや販売店、大規模小売店や新聞社、教育機関や教会などが運営していました。本業を支えるサービスとして。

しかし**ラジオ放送の本当の価値を見抜いたのは、タバコ会社の御曹司、ウィリアム・ペイリー**[20]でした。彼はコカ・コーラやマ

---

[19] Guglielmo Marconi（1874〜1937）。ほぼ独立で無線通信技術を開発し、その商業化までを担った。1909年35歳でノーベル物理学賞を受賞。

[20] William S.Paley（1901〜1990）

ルボロなど**ナショナルブランドの広告こそがラジオ放送の収入源**だと確信し、多数のラジオ局をネットワーク化して1928年、CBS[21]をつくり上げました。「**広告モデル**」**の誕生**です。今の消費者向けITサービスの多くがこれで支えられています。GoogleやInstagramも。

替え刃：その少し前、1902年にはキング・ジレット[22]が替え刃式のカミソリを売り出していました。それまでカミソリは、自身で研がなくてはならない丈夫で高額な耐久財でしたが、**ジレットはカミソリ刃を1週間だけ保つ消耗品に変える**ことで、市場を席捲しました。この、**本体は安くし消耗品で儲ける「替え刃モデル**」は、さまざまな商品分野で活用され、プリンターやネスプレッソ（ネスレ）、電動歯ブラシ（ブラウン）など今に続いています。

従量制課金：1940年代、苦境に陥っていた**ゼロックス**を救ったのは社長のジョセフ・ウィルソン[23]でした。苦難の末に開発し59年に発売した普通紙複写機（PPC）914は画期的な商品でしたが、価格が高いのが悩みでした。湿式（しっしき）複写機の競合他社は「替え刃モデル」を採用していました。本体は安く売り、その後の専用複写用紙で儲けています。でもPPCのウリは安価で退色（たいしょく）しない普通紙にコピーができること。そこで**ウィルソンは新しいリース**

■ 収益モデルの進化：売上面

		事例
広告	利用者でなく広告主が払う	CBS
替え刃	初期費用は低くして消耗品で長く稼ぐ	**ジレット**
従量課金制（サービス化）	使用した分だけ払ってもらう	Xerox
サブスプリクション	使用量によらず期間定額にする	Netflix
フリーミアム	一部の人だけが払う	**クックパッド**

---

21 NBC、ABCと並ぶアメリカの3大テレビネットワーク。
22 King Camp Gillette（1855〜1932）

方式「従量制課金モデル」を考案します。

基本料金[24]はありますが、基本1枚あたり4セントを徴収(ちょうしゅう)する、というものです。これであれば湿式複写機に十分対抗できます。これによって**ゼロックスは複写機でなく「複写サービスを提供する企業」**に変わりました。

サブスクリプション：20世紀末から普及したインターネットが、強烈に後押ししたのが、あらゆる商品の「サービス化」です。数限りないXaaS(ザース)が生まれました。**もともと雑誌や新聞の「定期購読」の意味だったサブスクリプション(subscription)が、ソフトウェアの「有限期間の使用許可」という意味**になり、音楽ソフト、電子出版や衣服などあらゆるコンテンツに、**定額制サービス**が広まりました。（253頁参照）

フリーミアム：インターネットが可能にしたもう一つの収益モデルが「フリーミアム」です。**ネットゲームでの課金アイテム購入者やクックパッドでの有料ユーザー**など、お金を払うのはごく一部の人だけでほとんどのユーザーは無料でいいというこの強烈な収益モデルも、多くのネット企業がトライしています。

ただ成功には時間がかかり、最終的に成功したのは一握りのプレイヤーたちだけでしたが（249頁参照）。

---

23 Joseph C. Wilson（1909～1971）。PPC開発に当時の売上の倍近い投資を行った。

24 月95ドルで2000枚までは無料。月1万枚使う大企業であれば1枚あたりは4.15セントで湿式複写機と同程度。

45 新しい売上手法①：フリーミアム

95%の無料客をダイジにして、5%の有料客をゲットせよ。

フリーミアム アイテム課金型ゲーム 有料ユーザーの獲得	Evernote チャージファイ

何を無料にして、何で儲けるのか

クリス・アンダーソンが『ロングテール』（2006）に続いて書いた**『フリー』**（2009）は、**無料という「価格」のインパクトと、それを軸に何で利益を上げ得るのか**を洞察したものでした。

そこで挙げられた4分類（①内部補助型、②第三者補助型、③**一部利用者負担型**、④ボランティア型）のうち、③が狭義のフリーミアムです。もともとベンチャー投資家のフレッド・ウィルソン[25]が定義し、名称を公募したものでした。**Free と Premium を合成した言葉**「**Freemium**」と呼ばれることになり、それがアンダーソンによって広められました。

これは、デジタルコンテンツやサービスの提供コスト（正確には限界費用[26]）が、ほとんどゼロだからこそ成り立つ収益モデルです。アンダーソン自身も、それ（③）を実践してみせました。最初に『フリー』の全文を期間限定でネット閲覧可能にしたので

■無料が絡む収益モデル４種

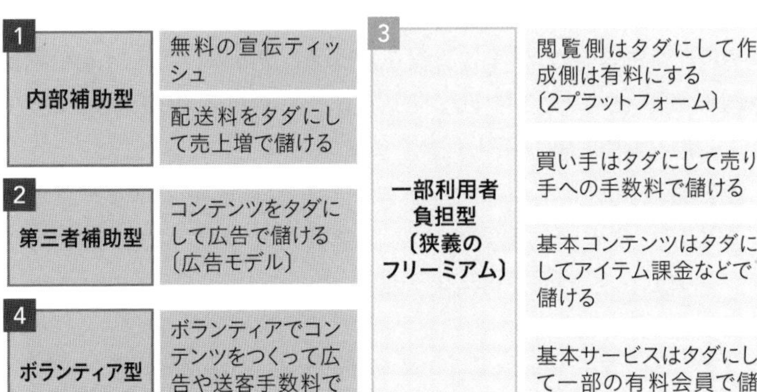

出所：『Free』より作成

[25] Fred Wilson（1961～）

[26] marginal cost：商品をもう１つ提供するのに追加的に掛かる費用を指す。ほぼ１つあたりの変動費と同じ。

す。30万部が無料ダウンロードされましたが、それが呼び水となって、有料の本自体も大ベストセラーとなりました。

究極のフリーミアム、アイテム課金型オンラインゲーム

多くのオンラインゲームは基本的に無料で参加できるようになっています。しかし、より強い武器・防具・アイテムや特定のキャラクターを集めるためには、課金に応じる必要があり、**2〜5%が課金ユーザー**となります。でも**総売上の半分以上はその中でも上位10分の1、つまり全体の0.2〜0.5%の「廃課金ユーザー」が担っている**のです。

日本ではその目的は「すべてのキャラクターを揃えるため」や「衣装などでカスタマイズするため」ですが、韓国や欧米では「自分のキャラクターを強くするため」で、月に10万円以上お金を注ぎ込む人もざら。**95%の無料ユーザーは、課金ユーザーたちによって蹂躙される、もしくはそれらを称賛するために存在している**のです。

オンラインゲームにおけるヒット作とは例えば、大量広告によって300万人のユーザーを集め、そのうち4.5%の13.5万人が（普通の）課金ユーザーとして月1万円を、0.5%の1.5万人が廃課金ユーザーとなって月10万円を払ってくれるものをいうのです。これで年間342億円が稼げます。

運営管理費やサーバー代などユーザー数に比例する変動費もありますが、多くが開発費などの固定費だから成り立つ究極のフリーミアム・モデルといえるでしょう。

フリーミアムの成功には長い時間と資金が必要

設立から4年後、Evernote[27]の当時のCEOフィル・リービン[28]は、**「フリーミアムが機能するまでには、時間を必要とする」**

---

[27] クラウド型のドキュメント管理システムの先駆。2008年設立で2014年にはユーザー数が1億人に達していたが、23年5月に北南米の従業員を全員解雇した。

[28] Phil Libin（1972〜）

と語りました。事実、同社の無償ノート・アプリを使い始めたユーザーが、1ヶ月以内に有償ユーザーになる確率はたった1％以下でしたが、2年以上の利用者では12％に跳ね上がっていました。利用者の9人に1人が、エバーノート・プレミアム版に**月5ドル（もしくは年間45ドル）払うようになるまでには、2年もの時間が必要でした。**

請求書発行サービスの**チャージファイ（2009〜）はフリーミアムに失敗**しました。当初は、「月50件の請求書までは無料で、月51件以上の場合は月49ドル」というフリーミアム・モデルでスタートしましたが、有料プラン顧客の獲得が進まず、1年後には資金不足で倒産寸前となります。

チャージファイはフリーミアム・モデルを断念し、無料プランを全廃、全ユーザー月65ドルとしたのです。無料プラン顧客の多くが離脱しましたが、一部が有料プランに移行してくれました。大量の無料プラン顧客をサポートする必要もなくなり、2012年にやっと黒字化[29]しました。

有料ユーザーを獲得するのには時間がかかります。なので初期は赤字を覚悟するしかありません。しかも**無料プランを便利にし過ぎると、有料プランにはなかなか移ってくれません。かといって、無料プランを十分魅力的にしなければ、そもそもフリーミアムの特長である口コミや、コミュニティ、会員ベースの拡大が利かなくなって**しまいます。

多くのスタートアップ企業が「フリーミアム・モデル」を掲げますが、ゲーム以外ではほとんどが失敗しています。フリーミアムは、決して簡単な収益モデルでは、ないのです。

[29] 現在は同業のMaxioに統合されている。

46 新しい売上手法②：サブスクリプション

使い放題なのは、変動費がゼロだから。儲かるのは、ワンバージョンだから。

サブスクリプション 定額で使い放題	Netflix Apple Music Spotify Adobe Creative Cloud

リアルから始まったサブスクリプション

モノ（ハードウェアやソフトウェア）は購入し所有すれば、その機能は使い放題です。でも大抵高くつくので、所有せず使った分だけお金を払うのが「サービス化」でした。ゼロックス（コピー枚数に応じて料金を払う）の従量制課金が生まれたのは1960年頃でした。そこにさらに「**定額で使い放題**」を付け加えたのが**サブスクリプションモデル**です。

1997年創業の**Netflix（ネットフリックス）はもともとオンラインでのDVDレンタル会社**[30]です。「1週間4ドル、送料2ドル、延滞1ドル」の郵送レンタルでした。登場したばかりのDVDが薄くて軽いことに目を付けた無店舗事業でした。

99年には**料金体系を「月15ドルでレンタルし放題」のサブスクリプション型**に変えました。期間中はDVDを本数制限なしにレンタルでき、延滞料金、送料・手数料がすべて無料という画期的なサービスでした。2000年に導入したレコメンド機能も成功し、05年には会員数が420万人を超え、取扱い作品数は3.5万タイトル、毎日100万枚のDVDを貸し出す規模[31]になりました。

■サブスクリプションモデル

	所有せず	所有する
使い放題	サブスクリプション（期間定額）マンガ喫茶	売り切り（販売）マンガ本販売
使っただけ	サービス化（従量制課金）マンガ貸本	共同所有（権利分割販売）NA

---

[30] 共同創業者のリード・ヘイスティングスがビデオレンタル店で『アポロ13』をレンタルした際、返却遅れで40ドルもの延滞料金を支払った経験から思い付いた。

[31] 会員1人当たりでは平均月7.2枚をレンタル。

デジタルコンテンツのサブスクリプション化が進む

インターネットの普及と高速化によって、映画をはじめとした動画コンテンツのストリーミング[32]配信が可能になりました。**Netflix**はいち早くそちらに舵を切ります。2007年1月、自らの中核事業を**DVDレンタルからストリーミング配信サービスに移行**し、大成功を収めます。

Netflixは映画やテレビ番組といったコンテンツ獲得とともに、**オリジナル作品の作成**にも**巨額の資金を投入**しています。2013年には、制作費に1億ドルを投じた『ハウス・オブ・カード 野望の階段』をリリース（13話同時配信）。空前のヒットとなりました。

Netflixの2022年度の売上は316億ドル。時価総額は約1900億ドルを超え、ケーブルテレビ最大手Comcastやディズニーを抜き、**最大のメディア企業**となりました。

音楽コンテンツではSpotify[33]**、Apple Music、Amazon Music、YouTube Music**など競合がひしめきます。AppleはiTunesで1曲1ドルと格安にし、デジタル音楽を普及させました。そこに**フリーミアム&サブスクリプションモデルで2006年に参入したのがSpotify**でした。Spotify Freeでは「シャッフル再生しかできない」「広告が頻繁に入る」「ダウンロードはできない」など不便が多いのですが基本無料ですべての音楽が聴けるので若者の支持を集めました。**月980円**の有料会員が伸び、今や全利用者5.5億人、うち**4割の2.2億人が有料ユーザー**です。

Appleは2015年、Apple Musicをスタートさせました。iTunesの音楽コンテンツのほとんどを、月980円で聴き放題にしたのです。2022年6月時点の有料ユーザー数は8800万人、同年度の収入は83億ドルに達しました。iPhoneのサービス部門売上の柱となっています。

---

[32] streaming。コンテンツファイルをダウンロードしながら、同時に再生する方式。
[33] 本社はスウェーデンのストックホルム。

サブスクリプションへの全面移行で大成功したAdobe

サブスクリプションでの成功例は、映画や音楽コンテンツだけではありません。

PDF（電子書類）を開発・普及させた**Adobe**の主力商品は、2003年に登場したCreative Suite（CS）でした。それまでのプロ向けグラフィックデザイン、動画編集、画像編集、ウェブデザインといった個別商品[34]をひとまとめにした統合ソフトパッケージです。

Adobeは**12年**にそのCS6[35]のサブスクリプション版として、**Creative Cloud（CC）**をリリースしました。月5000円（年間プラン）で常に最新版の機能を使え、複数の端末で同期しながら作業できます。そして**翌年6月、CCへの全面移行を実施**します。もうCS7は開発せず、CS6の箱売りもやりません。既存ユーザーからは賛否両論が渦巻きましたが、結果としてはAdobeに大きな売上・利益の伸びをもたらしました。

多くの既存ユーザーが数年に1回の数十万円の出費よりも月数千円の支払いを選びました。初期導入費用が格段に下がったお陰で、ライトユーザーを中心とした新規ユーザーも大幅に増えました。**Adobeとしても商品が1バージョンだけになり開発もサポートも格段に楽**になりました。**顧客の離脱率が下がり、売上が積み上がるようになる**中で、18年度の売上は12年度の倍以上の90億ドル、営業利益率は31％を記録しました。

ビジネスソフトウェアの全面サブスクリプション化は、一時的には売上低下を招きます。しかし、顧客ベースの拡大、ロイヤリティのアップ、そして開発・サポートコストの削減につながる可能性のある大きな収益モデルの変革なのです。

[34] Photoshop、Illustrator、InDesign、Dreamweaver、Flash Professional、Edge Animateなど。

[35] Creative Suiteのバージョン6、という意味。

47 損益：損益分岐点（BEP）

BEP分析で、黒字までの距離、赤字までの余裕を測れ。

損益分岐点グラフ
規模と稼働率
粗利率とLCO

ウォルマート
セブンイレブン

売上＝費用となる損益分岐点はどの程度か

売上高を横軸、縦軸を売上と費用の金額としたグラフが「**損益分岐点グラフ**」で、売上線と費用線のギャップ（売上－費用）が損益です（下図）。

売上がゼロなら変動費もゼロですが固定費は固定なので、損益＝固定費、となり大損です。そして**売上線と費用線が一致する点が損益分岐点（BEP）、損益ゼロの点**です。さらに売上が増えるとどんどん利益は増えていきます。

さて問題は、現状の売上がどの程度かということです。もしBEPより遥かに低いのであれば、兎にも角にも売上を増やさないとどうしようもありません。人員削減や原材料のグレードダウンなどの生半可なコストダウンに走っても、逆に売上が減ってBEPに達するどころではなくなります。

BEP分析の目的は、まずはこの見極めです。どの程度、何を変えればBEPに達するのでしょうか。ちなみに、売上＝販売単価×数量、なので売上を2倍にしたいと思ったら、数量を2倍にするのと販売単価を2倍に上げるのと、両方のやり方（もしくは同時：両方を$\sqrt{2}$≒1.4倍）があり得ます。

■ **損益分岐点（BEP）グラフ**

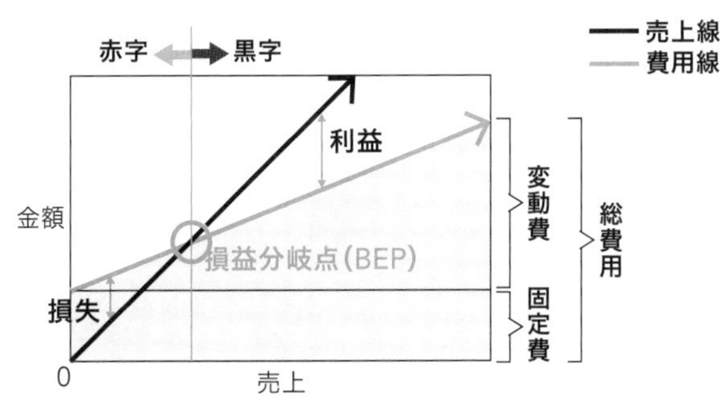

5章
会計・財務：すべてをお金で測り回す

固定費〉〉変動費のときは規模と稼働率管理が大切

費用の構造からみたときに、ビジネスにはさまざまなタイプがありますが、初期投資がとても大きく、規模（販売個数や使用者数）によらない**固定費が多い場合、問題になるのは稼働率**[36]です。

鉄道、航空、ホテル、電力、通信などのインフラ事業がその典型で、黒字化するには時間がかかりますが、いったんBEPを超えると大きく儲かります。こういった固定費型事業は、とにかく規模を追えということです。

固定費型事業はそのためよく値下げに走ります。変動費が少ないので販売数量が増えても費用が上がらないからです。でもやり過ぎると全体の販売単価が下がって、ますますBEPが遠ざかったりします。

その場合、**利益の最大化のために大切なのは稼働率やイールドの管理**です。稼働率とは最大キャパシティの何割埋まっているか、イールドとは最大売上の何割とれているか、をいいます。

鉄道では稼働率を100%に持っていくのはほぼ不可能[37]です。

■ 固定費型事業と変動費型事業

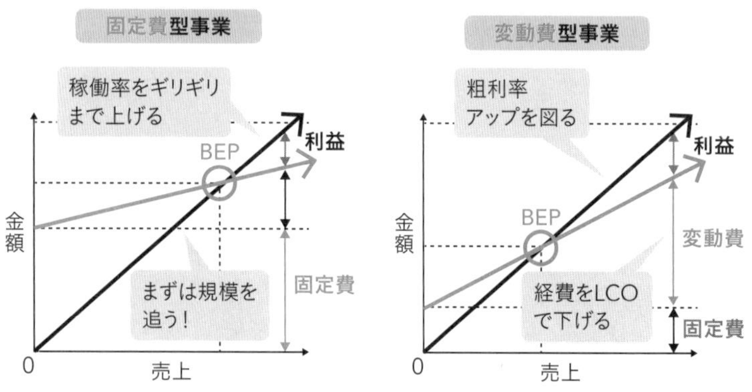

[36] ホテルだとOCC（客室稼働率）、航空会社ではロードファクターと呼ぶ。
[37] 鉄道では通常、乗車効率＝旅客キロ÷客車定員キロ、を用いる。定員とは席数と立席（吊り輪の数）の和であり1両あたり百数十名程度。

特に通勤通学に使われる路線の場合、朝は下り方面がカラになり、夕方はその逆になります。これを私鉄で打ち破っているのが東急電鉄。特に**東横線は東京と横浜という2大都市間を結んでいるために両方向の流れがある**だけではなく、その中間には広大な慶應義塾大学日吉キャンパスを擁しています。でもこれも1929年に東急が24万㎡の土地を寄付して誘致したもので、都内への通勤とは逆の流れを生むことに成功しました。

固定費<<変動費のときは粗利率アップとLCOで！

一方、一般の小売や卸売業では仕入れ（＝変動費）が60〜90％を占めます。残りの経費で大きい販売員の人件費も、多くはパートやアルバイト（＝変動費）だったりします。

BEPは低めなので割と安心して事業を行えますが、値下げをしたらすぐ赤字になってしまいます。なので、安売りをして売れ残ったら最悪です。**ウォルマートは最大の集客手段である特売**（特定品目の大安売り）**を否定**することで、ムリやムダのないLCOを実現し、アメリカ流通業のトップに立ちました。

ただ、小売や卸売業なら変動費の筆頭は仕入れでしょうから、まずは仕入れ額を下げる、もしくは粗利（売上−仕入）を上げること。実は仕入れ額を下げるための一番の方策が規模拡大です。コンビニエンスストアなどは規模を求めてどんどん集約され、大手数社になってしまいました。でももう規模では差がつかないので、今頑張っているのが粗利率を上げること。独自のプライベートブランド（PB）商品を出すことに始まり、今ではそのプレミアム版（セブンプレミアムゴールドなど）を出すことで高価格・低仕入れ額（＝高粗利）を図っています。

COLUMN 9 P/LとB/S、キャッシュフローは覚えよう

会計は、友だち関係を超えるために生まれた。

P/LとB/S
減価償却
発生主義会計
営業/投資/財務CF

東インド会社
キーエンス
シマノ
しまむら

友だち関係を超えるために会計は生まれた

会計の基礎はイタリアで生まれました。海路による東方貿易を席捲した伊ヴェネツィアの商人たちの旅路は危険に満ちたものでしたが、東方からの香辛料などは高価で売れたので成功すれば大儲けです。さらにイタリア商人はフィレンツェを中心に欧州全土にその活躍の場を拡げます。船団を仕立てるには多額の資金が要りますが、それを助けたのがメディチ家などの銀行でした。お金の記録を残すことが重要になり、「簿記[38]」が発達します。

その後発展した**スペイン、ポルトガル、そしてイギリスを出し抜くために新興国のオランダがつくり上げたのが、国策株式会社東インド会社（VOC[39]）でした。**組織に対する資金の出し手は、組織自身（自らの利益から）、銀行、そして見知らぬ株主へと拡がったのです。VOCはその圧倒的な資金力で、強力な大型船団や現地でのオペレーション会社をつくり上げ、東方貿易支配に成功します。

しかし**見知らぬ株主（stranger）**は親戚でも仲間でも何でもありません。組織の経営者は、そこから託された資金に対して、収支（儲け）や資産状況（お金の使い途）の報告をしっかりしなくてはいけませんでした。その説明をする（account for）ことが、会計（accounting）の語源です。

■資本の出し手の進化

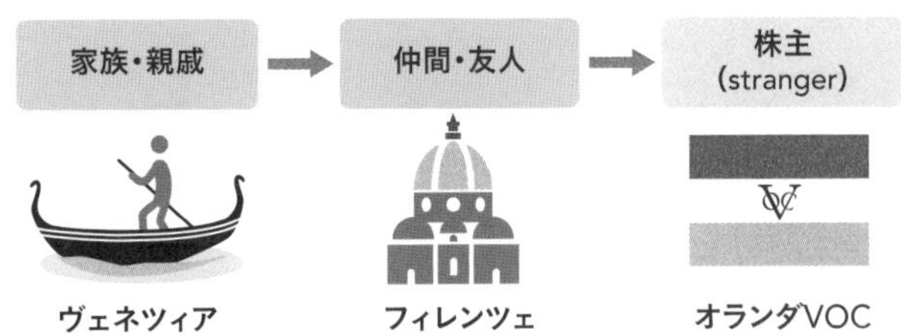

[38] bookkeeping。組織による経済取引がすべて記帳されたもの。現代では単式（大福帳など）ではなく複式（1つの取引には例えば材料の増加と現金の減少という2側面がありその両方を記帳すること）のものを指す。

P/L（損益計算書）はその年の損益を推定している

ワットによる高性能蒸気機関の改良から約50年後の1830年9月、世界初の都市間輸送鉄道リバプール・アンド・マンチェスター鉄道が開業[40]しました。**鉄道は馬車や運河を駆逐し一気に拡がりましたが、とにかく初期投資が大きいのが悩みの種**でした。鉄路の開設には膨大な土地代や工事費（トンネル、架橋、駅舎）がかかります。鋼鉄製のレールや車両代もバカになりません。

一方、そのオペレーションにかかる日々の費用はそれほどでもなく、投資への配当を計算しようにも、年ごとの損益はデコボコになってしまいます。投資がない年は大儲け、投資がある年（路線の延長とか）は大赤字。これでは本当に利益が出ているのかどうか、よくわかりません。そこで、「**投資負担の平準化**」**のために**「**減価償却**」**という仕組みが使われるように**なりました。10年使えるものを買ったのなら、一括でその年の費用にしてしまうのではなく、10年の間、毎年その10分の1ずつを費用として計上し

■減価償却：資産を徐々に費用化する

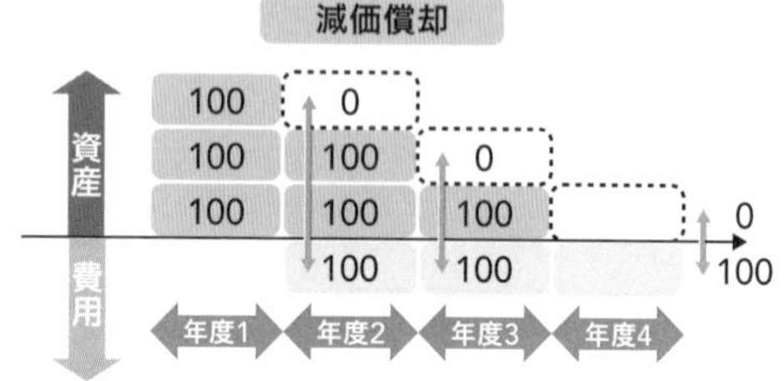

仮定

・事業年度1の末に耐用年数「3年」の減価償却資産を「300」購入
・3年間にわたり利用し、定額法に従って毎年「100」ずつ減価償却

計上

・減価償却資産の「資産」として帳簿価額が毎年「100」ずつ減少
・減価償却費が「費用」として毎年「100」ずつ計上

---

[39] Vereenigde Oost-Indische Compagnie。1602年に6支社の連合で設立。商業活動のみでなく、条約の締結権・軍隊の交戦権・植民地経営権など喜望峰以東における諸種の特権を与えられていた。

ようというのです。

P/L（Profit & Loss Statement：損益計算量）では、その年実際にお金がどれだけ出入りしたか（収入と支出）ではなく、**その年売れた商品の売上**[41]**（revenue）からその商品販売にかかった費用（expense）を引くことで損益（利益か損失）を計算**します。これを「**発生主義会計**」と呼びます。支出（その年支払った現金など）と費用は違うのです。

例えば自動車メーカーが昨年、20台車を売り残したとしましょう。製造にかかったお金は1台100万円でした。今年は、90台つくりました（110万円/台）が、1台150万円で100台売れました。期初に2000万円かけて倉庫（10年償却）も建てました。売れた100台の車のうち、20台は昨年つくったものだとすると、今年の損益はいくらでしょう？

- **現金主義会計**：収支＝収入ー支出＝150万円/台 x 100台ー（110万円/台 x 100台＋2000万円）＝2000万円
- **発生主義会計**：損益＝売上ー費用＝150万円/台 x 100台ー（110万円/台 x 80台＋100万円/台 x 20台＋2000万円/10）＝4000万円

なんと利益が倍も違います。**現代のP/Lが採用する「発生主義」**

■ **P/L（損益計算書）図**

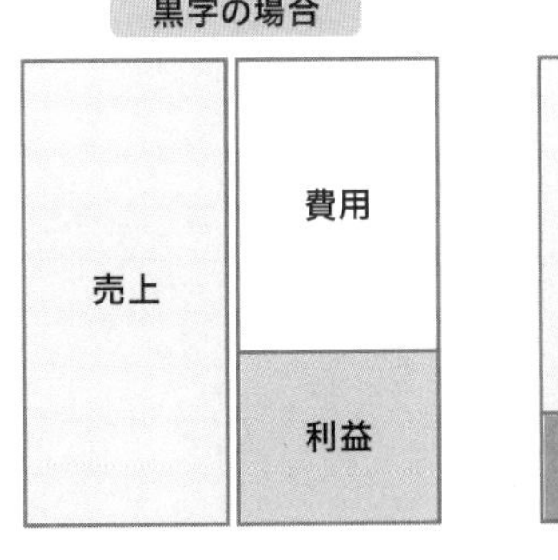

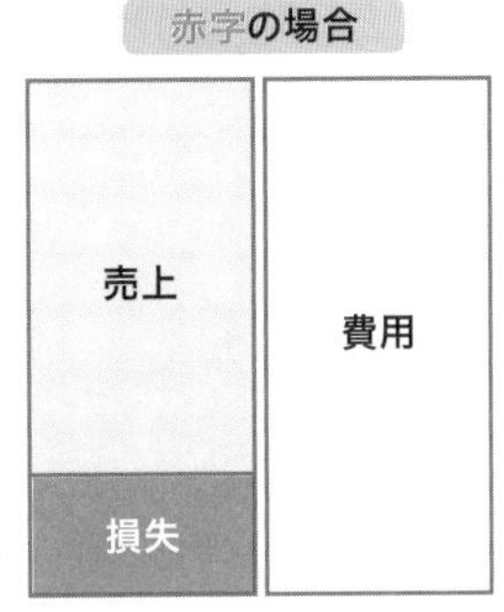

[40] どの蒸気機関車を使用するかは、97kmのレースによって決められた。ロバート・スティーブンソン設計のロケット号（最高速度47km/ h）が優勝した。

[41] 会計上は「収益」だが利益と紛らわしいので売上とする。

と「減価償却」という独特の仕組みは、初期投資の大きな鉄道会社の損益推定のために生み出された秘策だったのです。

B/S（貸借対照表）は資金の調達と運用先を示す

P/Lが家庭の毎年のやりくり結果（フロー）だとすると、B/S（Balance Sheet：貸借対照表）はその家の全財産（ストック）を示したものです。親・祖父母から引き継いだものもあるでしょうし、自分で稼いだ分もあるでしょう。家や株、預貯金という資産もあれば、住宅ローンという借金もあるはず。それをすべて載せるのがB/Sなのです。

企業やビジネスをお金という面から見れば、お金をどう調達し、何に運用するのか、がすべてです。オランダVOCまでで大体の枠組みは出来上がり、

- **調達**（**総資本**）：①資本（創業者や株主が出資）＋②利益剰余金（P/Lでの利益を積み上げる）＋③負債（銀行からの借入金・社債や買入債務・割引手形[42]など）
- **運用**（**総資産**）：固定資産（有形・無形）＋流動資産（在庫[43]や売上債権[44]、現預金など）

■B/S（貸借対照表）図

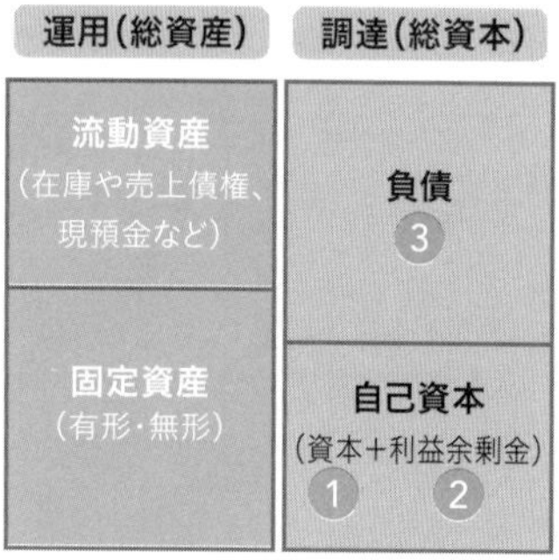

運用（総資産）
流動資産
（在庫や売上債権、現預金など）
固定資産
（有形・無形）
調達（総資本）
負債
③
自己資本
（資本＋利益余剰金）
①　②

[42] 材料を買っても取引先への支払いは後でとなると、その間、相手から借金をしているのと同じ。支払手形や買掛金という名の負債となる。

[43] 棚卸資産という。商品は売れるまではB/Sの資産、売れたらP/Lの費用となる。

と示すようになりました。①＋②を純資産や自己資本といい、会社が破産しても、ほとんど戻ってこないリスクマネーです。

その代わり企業が大成功すれば、その支配権を持つ株式の価値は何十倍にもなります。ハイリスク・ハイリターン。だからこその投資家なのです。このフローを表すP/Lと、ストックを表すB/Sは、何ヶ所かでつながっています。

- P/Lの利益から税金と配当を除いたものが、B/Sの②利益剰余金に加えられ、自己資本となる

利益率の高い企業があまり投資をしないと、B/Sの左（資産）が増えないのに、右下（自己資本）ばかりが大きくなって、結果として右上（借入金などの負債）が不要になって、総資本に占める**自己資本の割合（自己資本比率）が異常に大きくなってしまいます。FA用センサーのキーエンス（94%）、自転車部品のシマノ（90%）、衣料小売のしまむら（88%）**などが挙げられます。

- B/Sの左、固定資産の一部は減価償却して費用化できる。つ

■ P/LとB/Sは損益でつながる

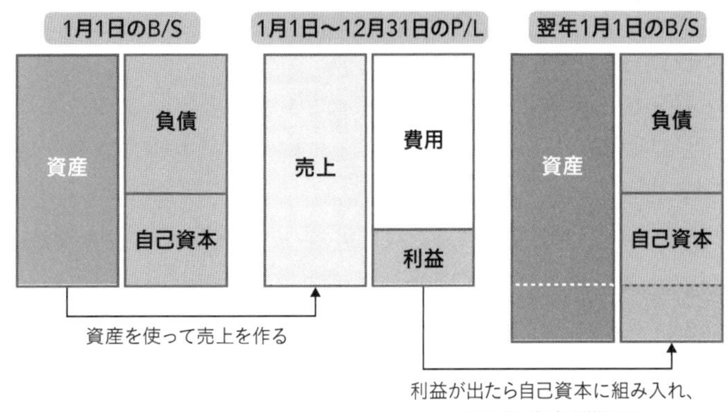

[44] 商品を売ったのに取引先からの支払いは後でとなると、その間、相手に貸付しているのと同じ。売掛金や未収金という名の流動資産となる。

まり、P/Lの費用に減価償却費が載り、その分、固定資産が減少することになる

実際には減価償却費は「支出」ではなく、P/L計算上の「費用」ですから本当の資金繰り（お金の回り方）は、B/SとP/Lをただ見ていてもわかりません。だから黒字倒産などという、おかしなことが起こるのです。次のCF(キャッシュフロー）で見てみましょう。

CFは在庫減でも生み出せる

日本の会社の倒産（廃業は除く）の半分は黒字倒産です。会計上は黒字（利益が出ている）なのに、法人税を納税できなかったり銀行からの借入金（かりいれきん）を返せなかったりで倒産[45]します。そうならないための会計の仕組みが**CF計算書**です。

CFには3種類あり、まずは

①**営業CF**：当期純利益＋減価償却費＋売上債権・棚卸資産（在庫など）の減少＋買入債務・割引手形の増加

→事業でどれだけキャッシュが増えたかを計算する。減価償却費は本当の支出ではないので足し戻す。在庫は過去の支出でつくったものなので減った分は丸々今期の収入、など

次が、

②**投資CF**：固定資産の減少

→事業を維持するために費やされる資金を表す。工業を売却したりするとプラスになるが、土地購入などで固定資産を増やすとマイナスになる

この①② **2つを足してFCF(フリーキャッシュフロー)** と呼び、これがプラスなら資金繰りはなんとかなり、追加の資金は必要ありません。

しかし事業立ち上げや成長期には稼ぎ（①）の割に投資（②）が大きく、追加の資金調達が必要です。それが3つ目の、

---

[45] 明確な定義はないが、企業が不渡手形（支払期限が来ても払えなかった手形）などを出して銀行から取引停止を受け「倒産」となる場合が多い。

③**財務CF**：借入金・社債・株式発行の増加－利息・配当金支払です。

FCFがマイナスのとき、P/L上は黒字でも、会社の将来性に疑問符が付けば借入も増資（新たな株式の発行と売却）もできず、倒産の憂き目に遭うことも……。これが黒字倒産です。

「勘定合って銭合わず」にならないために、P/L・B/SだけでなくCFにも気を付けましょう。堅実経営のためには、在庫を増やさない、固定資産を増やし過ぎない、手元資金（余剰キャッシュ）を十分に持つことが大切なのです。もちろん、堅実さがすべてではありませんが。

48 財務指標：ROS、ROA、ROE、ROIC

アールオーイーと
ロイックまで
説明できれば、
十分。

営業利益
EBIT
NOPLAT
財務レバレッジ

—

収益性分析で使う4つの財務指標：Rはなに？

この章の最初に紹介したように、管理・財務会計では企業が目標通り動いているかを、お金の面から確認することが目的です。企業の「収益性」「安全性」「生産性」「成長性」をハカる数十の財務指標がありますが、ここでは**収益性分析に絞り、よく使われる4つの財務指標ROS、ROE、ROA、ROICを紹介**します。すべてR（Return：利益）を何かで割った数字で、Sは売上、Eは自己資本、Aは総資産、ICは投下資本です。IC以外はP/LやB/Sから直接わかります。でも**問題はR。これが実はバラバラ**なのです。

まず売上から費用として売上原価と販管費だけを除いたものが**営業利益**です。本業の利益そのものといえるでしょう。そこから有利子負債への支払利息と営業外の費用を引いたものが**経常利益**。自己資本比率が低く、借金だらけだと下がってしまいます。そこから、固定資産・投資有価証券の売却損や保有資産の減損[46]などの特別損失を引いたものが**税引前当期純利益**。さらに法人税など[47]を引くと**当期純利益**となり、そこから株主への配当を除いたものがB/Sの自己資本（利益剰余金）に新たに加わります。

ROS：売上高利益率では営業利益を使おう

収益性を示す財務指標として、一番馴染み深いのが**ROS**（Return On Sales）、**売上高利益率**、でしょう。**R**としては営業利益と経常利益のどちらかが使われることが多いのですが、**事業自体の稼ぐ力を知りたいなら営業利益**を用います。

ROSは業種によって大きく異なります。一般的に仕入比率の高い小売業や卸売業では低くなりますし、仕入がほとんどない専門・技術サービス業では高くなります。なので業種ごとの平均値と比べてどうか、確認するのがいいでしょう。

とはいえ、赤字企業も含めた平均値と比べても仕方ありませ

---

[46] 投資株式など対象資産の価値が大幅に下がった場合、帳簿上の価格を回収可能な額まで下げること。
[47] 法人税＋住民税＋事業税。

ん。赤字が続けばそのうち債務超過に陥って会社は倒産します。こういうときこそ**ベンチマーキング**（180頁参照）**です。優良企業や強い競合などのROSを調べて、それを超えるべく**売上を上げ、費用を削減しましょう。ただし薄利多売に走ると当然ROSは下がるので気を付けて。

ROAとROE：ROEは総合指標でもある

ROAはその企業がその総資産[48]をちゃんと活用できているかどうかを示す財務指標です。**R**は当期純利益や営業利益がよく使われますが、正しくは**EBIT（利払い及び税引前利益）**というまた別の利益を使います。ROAとは株主と債権者（銀行や取引先など）にとっての利益率だから、Rには債権者の取り分である支払利息は残しておこう、ということなのですが、**計算上は営業利益に近い**ので代用しましょう。

すると、**ROA**＝R÷A＝（R÷S）×（S÷A）＝ROS×（S/A）となり「**売上高営業利益率×総資産回転率**[49]」だとわかります。

同じ資産でどれだけ売上を上げられるかの「効率性」と、同じ

■ 収益性を見る主要財務指標

		ROS	ROA	ROE	ROIC
計算式	分子	営業利益など	EBIT（営業利益で代用）	当期純利益	NOPLAT 営業利益×(1−実効税率)
	分母	売上	総資産	自己資本	投下資本 有利子負債+自己資本
目的		事業の収益性	総資産の活用効率	株主にとっての収益性	事業資源の収益性
利点欠点		業種によって大きく異なる	ちょっと大ざっぱ	総合指標でもある/財務レバレッジで大きく変わる	誤魔化しが少ない/事業ごとでも計算できる

48 固定資産（建物、機械、土地、ソフトウェアなど）と流動資産（現金、預金、在庫、売掛金など）

49 売上高を総資産で割ったもの。ちなみに売上高を在庫資産で割ると在庫回転率となる。

売上でどれだけ営業利益を上げられるかの「収益性」の掛け算でROAは決まるのです。

一方、**ROEは株主にとっての収益性をみる財務指標**なので、Rは（利息や税金を払った後の）**当期純利益**を使います。同じくこれは、**ROE**＝(R÷S)×(S÷A)×(A÷E)となり、「**売上高純利益率×総資産回転率×財務レバレッジ**[50]」だとわかります。つまり「ROEを上げるには、借入や社債発行をバンバンやって負債を増やせ」となるのですが、そうすると財務上のリスクが上がるだけでなく、支払利息が増えて純利益が減るので簡単ではありません。

ROIC：事業ごとの収益性が比較できる

事業者から見た収益性を評価するために考えられたのが、**ROIC**（ロイック）です。まず分母側からは総資本事業債務（買掛金など）を除き、その事業に投下された資本（有利子負債と自己資本）のみにします。分子の**Rには NOPLAT**（ノプラット）[51]を使いますが、これは営業利益から税金分を引いたもの。**営業利益×(1－実効税率30%)** で計算します。これらにより財務レバレッジの影響が除かれ小手先での操作がしにくくなります。

もう1つ嬉しいのは、ROICの分母は「総資産－投資その他の資産－仕入債務」でも計算できるので、**会社全体だけでなく、事業ごとに計算できる**こと。

事業特性の異なる事業群を抱える会社にとって、その収益性を公平に評価する財務指標として近年、多くの企業で採用されています。

財務指標には各々の役割がありますが、**この4つは最低限、押さえておきましょう。**

---

[50] デュポンが考察したのでデュポンシステムと呼ばれる。財務レバレッジとは、「総資本÷自己資本（E）」だが、総資本＝総資産（A）なのでA÷Eで出せる。

[51] Net Operating Profit Less Adjusted Tax

5 章のまとめ

会計・財務とは

企業には、**お金を巡っての問題**が3つ存在します。①**赤字**、②**黒字倒産**、③**資金不足**です。それらを防ぐために発達してきたのが会計・財務という特殊技術なのです。①②③**を起こさないように監視・評価するのが会計**（accounting）**で、②③を招かないよう効率的に資金調達する手法が財務**（financing）でしょう。

この章では主に会計を中心に解説しましたが、そのベースになっているのがいわゆる財務諸表（P/L、B/S、CF計算書など）でした。でも経営者や事業責任者には、もっと細かい情報が必要です。企業全体でなく**商品別の損益や損益分岐点、キャッシュフロー分析やROIC**（ロイック）**などの投資効率**などなど。これらを算出するための手法が**管理会計**と呼ばれます。

この後は管理会計の基礎の基礎である、損益関連の話をしました。「費用」「売上」「損益分岐点」です。

費用はあくまで推定値。固定費と変動費に分かれる

ある年にかかった費用（コスト）**とは**「その年支払った金額（キャッシュ）」ではありません。本当は「**その年売ったものにかかった額の推定値**」なのです。去年仕入れたものを売ったなら、去年支払った額が費用として立ちます。5年償却の設備をずっと使って生産していたなら、その設備投資額の5分の1が費用として立ちます。実際のキャッシュの動きとはズレますが、今年の売上に対する損益を推定するためにこういう手法が開発されました。

そして、費用は売上の多寡（たか）にかかわらない**固定費**と、売上に比

例する**変動費**に分けられます。それらを下げるために分業や規模化が進みましたが、最近では特に固定費を減らすために**サービス化**（XaaS）**やシェアリング**の利用が盛んです。

売上は販売単価×数量。
隙間を埋めよう、新モデルに挑もう

売上の基本は「**販売単価×数量**」です。店舗増や商品アイテム増でいっぱい売るのもいいですが、GUCCIのように**販売単価を上げる**や、カフェコロラドのように**隙間を埋める**方が収益増には貢献したりします。特に固定費が大きい場合、後者は売上拡大と収益増に直結します。

20世紀以降、売上の手法はさまざまに進化してきました。無線ラジオに端を発した**広告モデル**、消耗品で儲ける仕組みの**替え刃モデル**、使用量に応じて課金する**従量制課金モデル**、ソフトやコンテンツの**サブスクリプション**、そして一部の有料ユーザーに支えてもらう**フリーミアム**など。インターネットやITの進化がそれを加速します。

損益分岐点とは売上＝費用。そこからわかることは……

横軸を売上、縦軸を売上もしくは費用とすると、費用＝固定費＋変動費なので、どこかで売上と費用の線がぶつかります。その点が**損益分岐点**（BEP）**。今の売上と比べることで、どれぐらい変動に耐えられるかや、黒字化へのジャンプ幅**がわかります。

また収益を改善するには、**固定費大なら規模化と稼働率管理が大切、変動費大なら粗利率アップとLCOを頑張ること**、です。

経営者は、経理担当者や会計士など専門家の助けを借りながらも、「黒字なのに支払いが出来なくて倒産」などとならぬよう、会計・財務の基礎や財務指標をしっかり理解しておきましょう。

おわりに

この本はどうやってつくられたのか

さて、ここまでの5章 48節＋9コラムはどうだったでしょう。**今みなさんの心には、なにが残っていますか。**

この本の内容の6割くらいは最近書いた以下の3冊から来ています。各々の本のウリとボリュームは、

①**『経営戦略全史』**：20〜21世紀にわたる経営戦略論の誕生と発展史を解説。緒論を「ポジショニング派」と「ケイパビリティ派」に二分（にぶん）した〔文字数18万文字〕

②**『ビジネスモデル全史』**：ビジネスモデル革新の歴史を表現するために、ビジネスモデルを「ターゲット」「バリュー」「ケイパビリティ」「収益モデル」の4要素のみに集約した〔同17万文字〕

そして10年前、女子栄養大学の食文化栄養学科での必修授業「基礎経営学」を立ち上げたときの講義資料をもとにした、

③**『新しい経営学』**：専門の束（たば）である経営学を完全初心者の学生たちに教えるために、経営学自体をビジネスモデルの4要素ごとに再編した〔同20万文字〕

といった感じです。もちろんコピペではなく、圧縮したり再構成したり、アップデートしたり、随分書き直しています。

でも**一番大変だったのは各節の「1フレーズ」の部分**です。そこで読者を惹きつけられないなら、この本のタイトルも、デザインも、文章量を減らそうとした努力も、すべてが水の泡。

でもなんで、「1フレーズ」って思ったんでしょう。

この本はなぜ「1フレーズ」なのか

『ウケる技術』という本を後輩に紹介されて読んだのは2003年のことでした。**「中身がなくともウケるため**の超ヘリクツ」が、6つの戦略、38の技術に整理・体系化された**奇書**でした。

初版のオビには、糸井重里さんの「ウケたあとのことは、自己責任ですね。」という文字があってニヤリ。なんとシュールな。

その著者のひとり水野敬也さんが4年後に書いたのが『夢をかなえるゾウ』。今度はインドの神さまを主人公にしたビジネス系の自己啓発書です。大ヒットしTVドラマ化もされました。これは凄い。

彼は2012年には、イヌの写真と名言っぽいキャッチコピー、それに偉人たちの逸話や格言を組み合わせた『人生はワンチャンス！』を共著で出し、翌年には**『人生はニャンとかなる！』**を出版。「隙があるから、好きになる」とか「人生は、ニャン度でもやり直せる」とか。いや〜、ホントに人生ニャンとかなりそうです。**人々を独自の名言（や迷言）でポジティブに導いてくれる、楽しい本**でした。

そして2022年の末頃、ある出版社で新人編集者が思い付きました。**経営学という分野でも、本質を突いたキャッチコピー（1フレーズ）で、迷える初心者たちを導けないか**、と。そういえば自分も大学時代、名コピー集や名言集が好きだったなぁ、なんて思いながら。

そこで、**彼女は書き手を探します**。ネットで検索して、いろいろ読んでみて……。すると経営学の分野で、なんだか学問っぽくない本を見つけました。それが『経営戦略全史』でした。文章もわかりやすいけど、心に残るフレーズもある。う〜ん、**と迷っていても仕方ありません。**文字通り当たって砕けろで、彼女は著者（私）にそのアイデアを持ちかけます。

それを聞いて私は、「**へぇ、面白そうだな**」と思い引き受けました。『ニャンとかなる』が頭にあったのかもしれません。

存外あっさり話が進んでしまい、彼女は慌てて『1フレーズ経営学』の企画を社内で通しました。

この本での伝え方

「はじめに」で述べたように、**この本は経営学の初学者及び「学んだけどいまいちスッキリしないヒト」たち向け**、です。

だからといってあまりに懇切丁寧に説明していたら、この3倍の頁数でも足りません。そもそもが、経営学は専門の束だから。かといって類書のようにコンセプトの解説だけを書き連ねても、無味乾燥でまったく面白くありません。

ヒトは自分にとって価値のないものは憶えられません。そして経営学の各々のフレームワークは、その内容の説明だけでは、価値があるかどうかすらわからないでしょう。

だから、なぜそのフレームワークが生まれたかの**「背景や登場人物」**、それによって具体的に何が成されたかの**「ビジネス事例」が必要**なのです。そしてそれらを**頭に残すための印象的な「1フレーズ」**が。

もう一度、尋ねましょう。**みなさんの心の中には今、どんな知識やフレーズが残っていますか？**

この本の、先に進もう

私がこの本を書いた本当の理由はでも、その先にあります。「読んでみて、なにか印象に残った」の先です。

そこからあなたは、どうしますか？

もしそこからさらに学びたくなったら、自分を深め、拡げるための旅に出ましょう。YouTubeやネットのブログも手軽でいいけれど、大抵はバラバラなので体系的な学びになりません。そういう意味で「よい本」はとても**タイムパフォーマンスがよい**ものなのです。ここまでに紹介したさまざまな著作はすべて、その候補です。

そう、**私にとってこの本は、より多くの人々を他の本たちへ誘うための入口**、なのでした。何人がこの扉をくぐって、先の世界まで進んでいくでしょうか。より深い、幅広い学びと実践に向けて、是非楽しく進んでいってください。

最後は謝辞で締めましょう。SBクリエイティブ編集の山田涼子さん、オリジナル企画第1号の発刊（と著者対応）ご苦労さまでした&おめでとう。デザイン担当の山之口正和さん、イラストとDTP担当のクニメディアの皆さん、いろいろとお手間をかけましたが、お陰で読みやすくかつインパクトある本になりました。

そしていつも私の原稿を読み、助言や叱咤激励をくれる家族・友人たちへ最大限の感謝を。ありがとう。

さてこの辺りで、講義後のお話も終わりです。この「1フレーズ」の経営学講義が、多くのみなさんに届きますように。

2023年10月 三谷 宏治

索引

あ行

か行

さ行

た行

な行

は行

ま行

や行

ら行

わ行

英数字

主要文献リスト

1章　経営戦略

- 『失敗の本質 日本軍の組織論的研究』（1984）ダイヤモンド社、戸部 良一, 寺本 義也, 鎌田 伸一, 杉之尾 孝生, 村井 友秀, 野中 郁次郎
- 『戦争論』（2001）中公文庫、カール・フォン クラウゼヴィッツ（著）, 清水 多吉（訳）
- 『最高の戦略教科書 孫子』（2014）日本経済新聞出版、守屋 淳
- 『|新訳|科学的管理法』（2009）ダイヤモンド社、フレデリック W. テイラー（著）, 有賀 裕子（訳）
- 『General and Industrial Management』（1963）Pitman Publishing、Henri Fayol（著）, Constance Storrs（訳）
- 『経営者の役割 経営名著シリーズ 2』（1956）ダイヤモンド社、C.I. バーナード（著）, 山本 安次郎（訳）
- 『企業戦略論【上】基本編 競争優位の構築と持続』（2003）ダイヤモンド社、ジェイ B. バーニー（著）, 岡田 正大（訳）
- 『戦略経営論』（1980）産業能率大学出版部、H. イゴール・アンゾフ（著）, 中村 元一（訳）
- 『組織は戦略に従う』（2004）ダイヤモンド社、アルフレッド D. チャンドラー, Jr.（著）, 有賀 裕子（訳）
- 『競争の戦略』（1995）ダイヤモンド社、マイケル・E. ポーター（著）, 土岐 坤, 服部 照夫, 中辻 万治（訳）
- 『競争優位の戦略』（1985）ダイヤモンド社、マイケル・E. ポーター（著）, 土岐 坤（訳）
- 『コア・コンピタンス経営』（1995）日本経済新聞出版、ゲリー ハメル, C.K. プラハラード（著）, 一條 和生（訳）
- 『The TOWS matrix: a tool for situational analysis』（1982）Long Range Planning、Heinz Weihrich
- 『経営戦略の巨人たち』（2010）日本経済新聞出版、ウォルター キーチェル三世（著）, 藤井 清美（訳）
- 『The Mind of the Strategist』（1982）McGraw-Hill、大前 研一
- 『戦略サファリ』（1999）東洋経済新報社、ヘンリー・ミンツバーグ, ブルース・アルストランド, ジョセフ・ランペル（著）, 木村 充, 奥澤 朋美, 山口 あけも（訳）
- 『ブルー・オーシャン戦略』（2005）ランダムハウス講談社、W・チャン・キム, レネ・モボルニュ（著）, 有賀 裕子（訳）
- 『アントレプレナーの教科書』（2005）翔泳社、スティーブン・G. ブランク（著）, 堤 孝志, 渡邊 哲（訳）
- 『トレイルブレイザー』（2020）東洋経済新報社、マーク・ベニオフ, モニカ・ラングレー（著）, 渡部典子（訳）
- 『オープン&クローズ戦略 日本企業再興の条件 増補改訂版』（2015）翔泳社、小川 紘一
- 『経営戦略を成功に導く知財戦略【実践事例集】』（2020）特許庁

2章　マーケティング

- 『マーケティング・マネジメント』（1983）プレジデント社、P. コトラー（著）, 村田 昭治（監修）
- 『人間性の心理学』（1987）産能大出版部、A.H. マズロー（著）, 小口 忠彦（訳）
- 『One to One マーケティング』（1995）ダイヤモンド社、ドン・ペパーズ, マーサ・ロジャーズ（著）, ベルシステム 24（訳）
- 『MAKERS』（2012）NHK 出版、クリス・アンダーソン（著）, 関 美和（訳）
- 『フリー』（2009）NHK 出版、クリス・アンダーソン（著）, 小林 弘人（監修）, 高橋 則明（訳）
- 『「分衆」の誕生 ニューピープルをつかむ市場戦略とは』（1985）日経 BP マーケティング、博報堂生活総合研究所（編）
- 『Retail Advertising and Selling』（1924）McGraw-Hill、S. Roland Hall
- 『Pricing Policies for New Products』（1950）Harvard University Press、Joel Dean
- 『イノベーションの普及』（2007）翔泳社、エベレット・ロジャーズ（著）, 三藤 利雄（訳）

3章　オペレーション

- 『トヨタ生産方式』(1978) ダイヤモンド社、大野 耐一
- 『ロングテール』(2006) 早川書房、クリス・アンダーソン (著), 篠森 ゆりこ (訳)
- 『COMPETING AGAINST TIME』(1990)Free Press、George Stalk Jr. , Thomas M. Hout
- 『Open Innovation』(2003)Harvard Business Review Press、Henry Chesbrough
- 『5S活動の基礎講座』(2023) 中小企業経営研究会、鍛治田 良
- 『夢をかなえるゾウ』(2007) 飛鳥新社、水野 敬也
- 『リエンジニアリング革命』(1993) 日本経済新聞出版、M・ハマー, J・チャンピー(著), 野中郁次郎(監修・訳)
- 『ビジネス・プロセス・ベンチマーキング』(1996) 生産性出版、ロバート・C. キャンプ (著), 高梨智弘 (監訳)
- 『ベンチマーキング』(1989) PHP研究所、ロバート・C. キャンプ (著), 田尻 正滋 (訳)

4章　人・組織

- 『巨象も踊る』(2002) 日本経済新聞出版、ルイス V. ガースナー Jr.(著), 山岡 洋一 (訳), 高遠 裕子 (訳)
- 『インビジブル・エッジ』(2010) 文藝春秋、マーク・ブラキシル, ラルフ・エッカート (著), 村井章子 (訳)
- 『What Is Strategy?』(1996) Harbard Business Review、Michael E. Porter
- 『企業文化』(2004) 白桃書房、エドガー・H. シャイン (著), 金井 寿宏, 尾川 丈 , 片山 佳代子 (訳)
- 『新たな“プロ”の育て方』(2017) クロスメディア・マーケティング、原田 宗亮
- 『人月の神話』(2014) 丸善出版、フレデリック・P・ブルックス Jr.(著), 滝沢 徹, 牧野 祐子, 富澤 昇(訳)
- 『会社という概念』(1966) 東洋経済新報社、P.F. ドラッカー(著), 岩根 忠 (訳)
- 『ティール組織』(2018) 英治出版、フレデリック・ラルー(著), 嘉村 賢州 (その他), 鈴木 立哉 (訳)
- 『キャプランとノートンの戦略バランスト・スコアカード』(2001) 東洋経済新報社、ロバート・S・キャプラン, デビッド・P・ノートン (著), 櫻井 通晴 (訳)
- 『ストラテジック・イノベーション』(2013) 翔泳社、ビジャイ・ゴビンダラジャン, クリス・トリンブル (著), 三谷 宏治 (監修), 酒井 泰介 (訳)

5章　会計・財務

- 『Blown to Bits』(1999) Harvard Business Review Press、Philip Evans , Thomas S. Wurster
- 『会計の世界史』(2018) 日本経済新聞出版社、田中靖浩

おわりに

- 『新しい経営学』(2019) ディスカヴァー・トゥエンティワン、三谷 宏治
- 『経営戦略全史』(2013) ディスカヴァー・トゥエンティワン、三谷 宏治
- 『ビジネスモデル全史』(2014) ディスカヴァー・トゥエンティワン、三谷 宏治

著者略歴

三谷宏治（みたに・こうじ）

1964年大阪生まれ、福井で育つ。東京大学 理学部物理学科卒業後、BCG、アクセンチュアで19年半、経営コンサルタントとして働く。92年 INSEAD MBA修了。2003年から06年 アクセンチュア 戦略グループ統括。2006年からは子ども・親・教員向けの教育活動に注力。現在は大学教授、著述家、講義･講演者として全国をとびまわる。KIT（金沢工業大学）虎ノ門大学院 教授の他、早稲田大学ビジネススクール・女子栄養大学 客員教授、前田工繊 社外取締役、放課後NPOアフタースクール･NPO法人 3keys 理事を務める。『経営戦略全史』(2013) はビジネス書アワード2冠を獲得。永平寺町ふるさと大使。3人娘の父。

1フレーズ経営学

2023年11月4日　初版第1刷発行

著　　者　三谷宏治
発 行 者　小川 淳
発 行 所　SBクリエイティブ株式会社
〒106-0032　東京都港区六本木2-4-5
電話：03-5549-1201（営業部）

装丁・本文デザイン　山之口正和（OKIKATA）
DTP・図版　クニメディア株式会社
校　　正　株式会社鴎来堂
編集担当　山田涼子
印 刷 所　三松堂株式会社

本書をお読みになったご意見・ご感想を
下記URL、またはQRコードよりお寄せください。

https://isbn2.sbcr.jp/21643/

落丁本、乱丁本は小社営業部にてお取り替えいたします。定価はカバーに記載されております。本書の内容に関するご質問等は、小社学芸書籍編集部まで必ず書面にてご連絡いただきますようお願いいたします。
©Koji Mitani 2023 Printed in Japan
ISBN978-4-8156-2164-3